作者简介

　　老葛，本名葛阳，"80前"北京人，自由插画师，图像小说、绘本创作者。从事商业插画十余年，干过杂志编辑，搞过企业文化，设计过IP形象，参与过互联网金融。喜欢塑造线条和刻画局部，尝试图解任何可以图解的事物，信奉"专人做专事"。插画作品《绘意天王》曾获日本Copic Award 2019全球酷笔客大赛的评委会大奖，成为中国大陆地区唯一的获奖作品。

图书在版编目（CIP）数据

漫步八十年代：老北京拾遗 / 老葛编绘. –– 北京：
北京联合出版公司, 2020.10（2023.6重印）

　ISBN 978-7-5596-4532-6

　Ⅰ. ①漫… Ⅱ. ①老… Ⅲ. ①风俗习惯—北京—图集
Ⅳ. ①K892.41-64

　中国版本图书馆CIP数据核字 (2020) 第164490号

漫步八十年代：老北京拾遗

编　　绘：老　葛
出 品 人：赵红仕
选题策划：**后浪出版公司**
出版统筹：吴兴元
责任编辑：高霁月
特约编辑：吕俊君
营销推广：ONEBOOK
装帧制造：墨白空间·肖　雅

北京联合出版公司出版
（北京市西城区德外大街83号楼9层　100088）
雅迪云印（天津）科技有限公司印刷　新华书店经销
字数228千字　889毫米×1194毫米　1/16　11印张　插页8
2020年10月第1版　2023年6月第4次印刷
ISBN978-7-5596-4532-6
定价：128.00元

欢迎关注后浪漫微信公众号：hinabookbd
欢迎漫画编剧（创意、故事）、绘手、翻译投稿
manhua@hinabook.com

筹划出版｜银杏树下

读者服务｜reader@hinabook.com 188-1142-1266
投稿服务｜onebook@hinabook.com 133-6631-2326
直销服务｜buy@hinabook.com 133-6657-3072
网上订购｜https://hinabook.tmall.com/（天猫官方直营店）

漫步八十年代
老北京拾遗

老葛 - 编绘

 北京联合出版公司
Beijing United Publishing Co.,Ltd

献给我的妻子与女儿

我的童年，我的后海

几年前的一个下午，看着眼前泛黄的本子，突然想把记忆里最深刻的那份关于奶奶家的感动描绘下来。奶奶家的任何东西都是那样清晰不变，随笔尖流出的线条，也逐渐勾起了我儿时的一点点回忆。

这份回忆属于80年代——一个神奇向上充满改变的年代，一个祖国大地全面改革开放的时期——或许并非只属于作者的私人"绘忆"。作为一名资深的"80前"，我通过画笔呈现儿时的碎片化记忆，再把每幅作品中的细节以图解的形式描绘出来。之所以如此啰唆，只因为想让这些个熟悉的老物件和老手艺，能够再次唤醒您心里的那么一点点小小的念想儿。无非期望：爸妈姨爷们看个意思，兄弟姐妹们怀个旧念，新新人类们瞅个热闹，闺女儿子们留份记忆。由于自己学识贫瘠、理解有限、能力不足，很多方面都以点概面、有失偏颇，还请诸位多多包涵，多多指教。

感谢妻子始终如常的默默奉献，她放任我的肆意妄为与消沉自惭，及时让我保持清醒与冷静，给我带来希望和阳光。感谢家人的理解和支持，使我能够坚持并自信地迈开通往后海系列的第一步。感谢后浪的鼓励和肯定，让我的这份图解拙作得以问世接受考验。最后感谢天上的父亲，他留给我观察、刻画、展现中国百姓智慧与技艺之美的血液。

葛阳

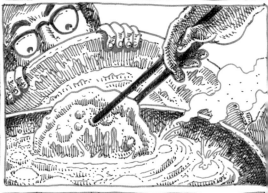

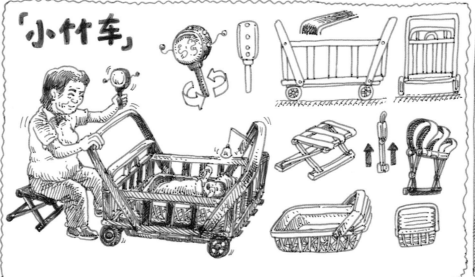

行走有时是一种生活态度，一种人生理念，也可以是一种力量！生在北京什刹海的我，打小就爱瞎转悠，围着后海跑到前海，再由前海转回后海。

那会儿的柳树长得很粗壮，枝条都耷拉到了河里，所谓"垂杨柳"说的就是这个。

80年代初的后海，胡同的肌理与风貌尚存，基本看不见汽车，只是偶尔河沿儿上开过一些叫不出名字的老式轿车，应该与老卫生部在后海北沿有关。

车不多，人自然行走得舒坦，怎么开心怎么走，心情也随着走路的神态显现出来，不急躁，也不懒惰，而是一种自在。

每个人的成长环境注定会跟随并影响其一辈子。生命的烙印和成长的轨迹，时不时就会显现在脑海里，与其说是怀旧，不如说是对自我的一种考验，考验现今的自己是否真诚、儿时的理想是否变轨。那份最初的感动和喜悦，其实很微不足道，但在心里留存至今。

一个时代一个特色，现在大家伙儿早晨的活动可以说是超级忙碌，跑出家门之后挤进地铁之前，路边凑合来套鸡蛋灌饼，紧赶慢赶，生怕迟到。

反观儿时后海河沿的清晨，透着慢条斯理的从容与自在。大人上班孩子上学，都不至于穿城跨区，一辆自行车足矣。孩子们在家吃完早饭，上学的路上乐乐呵呵，估摸着叫完街坊叔叔大爷阿姨奶奶，基本也就到校了。

阳子！书包，油条，您倒好，倒是拿一样儿啊，横竖不惦记就往外跑呀……

话说以前夏天树底下阴凉地儿一待，立马人就凉快了。可现如今的桑拿天，人多车多空调多，一个个全都可劲儿地往外冒热气。甭说您想接点儿地气，这迎面来的全是人气、口气，加脚气……

在后海长大的我，感受生命和事物的奇妙体验，就是从奶奶的小竹车开始的。这种咱们中国人原创的标配育儿车，全部由竹板制成，轻便灵巧又环保。奶奶带我逛街买菜两不误，还能放不少东西，那种坐在小竹车里看世界的感觉，想来也是非常地美妙。

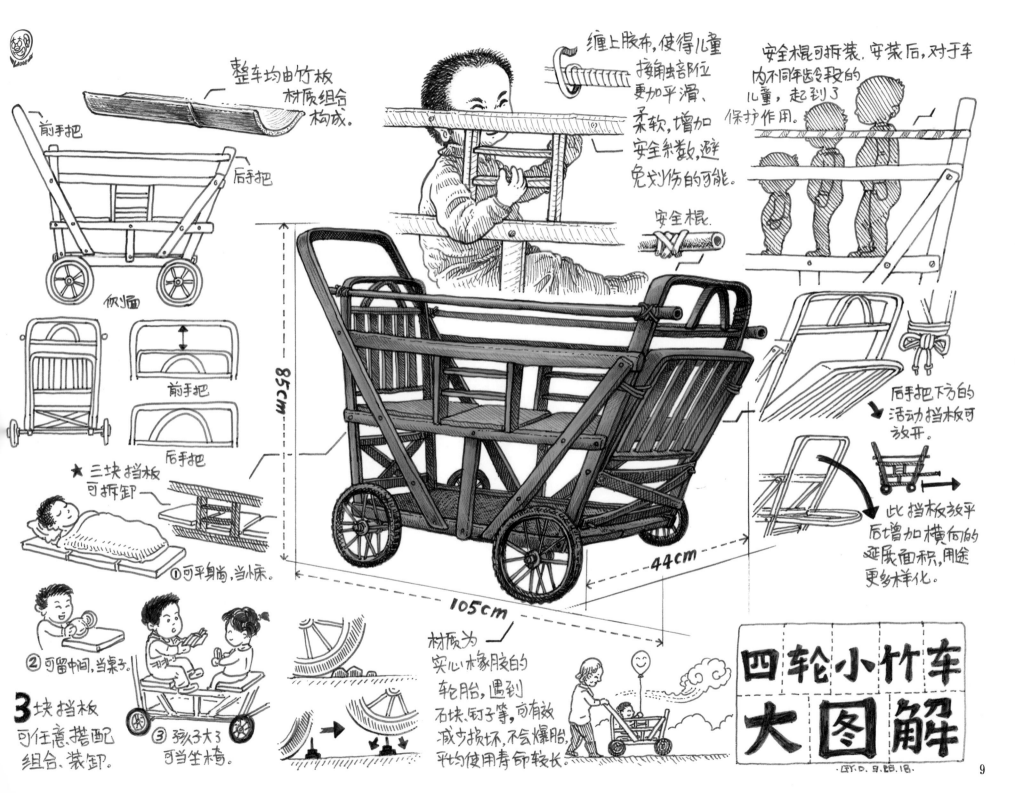

整车均由竹板材质组合构成。

前手把

后手把

侧面

前手把

后手把

★三块挡板可拆卸

①可平身尚，当小床。

②可留中间，当桌子。

3块挡板可任意搭配组合、装卸。

③孩子大了可当坐椅。

缠上胶布，使得儿童接触处部位更加平滑、柔软，增加安全系数，避免划伤的可能。

安全棍.

安全棍可拆装. 安装后，对于车内不同年龄段的儿童，起到了保护作用。

后手把下方的活动挡板可放开。

此挡板放平后增加横向的延展面积，用途更多样化。

材质为实心橡胶的轮胎，遇到石块、钉子等，而有效减少损坏，不会爆胎，平均使用寿命较长。

85cm

44cm

105cm

四轮小竹车大图解

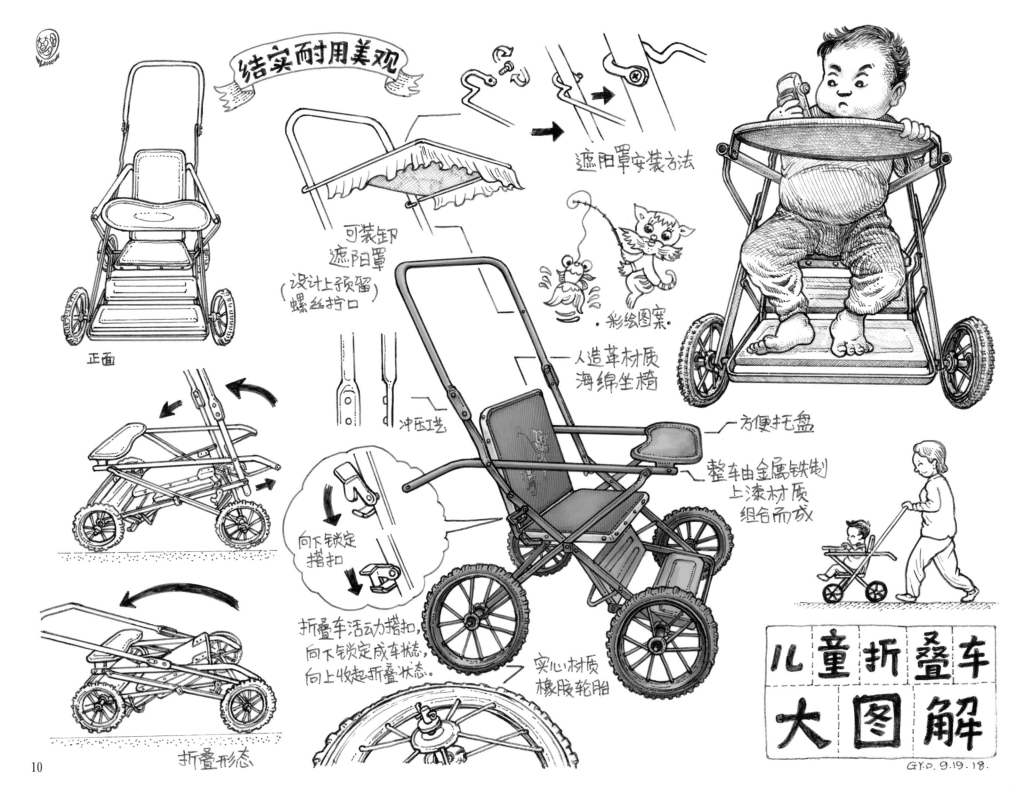

结实耐用美观

遮阳罩安装方法

可装卸
遮阳罩
(设计上预留)
螺丝拧口

彩绘图案

冲压工艺

人造革材质
海绵坐椅

方便托盘

整车由金属铁制
上漆材质
组合而成

向下锁定
搭扣

折叠车活动搭扣,
向下锁定成车状态,
向上收起折叠状态。

实心材质
橡胶轮胎

正面

折叠形态

儿童折叠车
大图解

10

GY.D. 9.19.18.

随着年龄增长，个头越来越大，儿时的小竹车是坐不下了，爸爸便买了一台绿色轻便的折叠童车。

粉红色的人造革座位上，描绘着经典的小猫钓鱼图案；四个实心的橡胶轮子很结实，不用打气也不怕钉扎；前面还有一个小桌板，出行吃喝全靠它。

开始奶奶推我出去串门儿，座位的粉红色系让我十分拒绝，后来风吹日晒的，绿色和粉红都降低了不少饱和度，渐渐成了自来旧，也就无所谓了。天生对色彩不敏感，让我自小就爱上了观察事物的细节，从锃新瓦亮到锈迹斑斑，色彩终会消退，但事物本我的形状与框架，却始终存在。

角落里的小童车，一直都还在，等着哪天早上还坐上跟奶奶去买菜。

刚生下在产床上，被护士抱给流泪的母亲；周岁后躺在小竹车里，被奶奶推到树荫下看房檐；三四岁时坐在折叠小车里，还是被奶奶推去河边菜市场；七八岁时坐在车大梁的小竹椅上，被爸爸推着去上学；再之后，也就长大了。这份被推着去哪儿的经历自此就要随我老去、消失吗？

直到一天，妻子躺在床上，执着我的手被推进了手术室。一个小时后，在护士推给我的小产床上，我看到了自己的女儿，顿时明白，这份被推着去哪儿的殊荣，没有消失，只是变成幸福，延续了下去。

到了夏天，放学回家路上，最舒坦的就是能吃上一根3分钱的小豆冰棍。小豆小豆，顾名思义，就是红豆或者绿豆，磨成豆沙再加水冰制而成。不是很甜，但入口十分舒爽，整个人一下子就凉快了，数学课上的烦恼一扫而光。有时吃上一根地道的大红果，也是酸爽十足，但口感最佳的还是5分钱的奶油冰棍，一分奶油一分香。

80年代的小学户外娱乐，男生也玩跳皮筋儿。大家为了玩得爽，常常挑战自己身高的极限，而在自尊心大战中，男生女生的PK，这种跳皮筋儿技艺的切磋，自然也是必不可少的。

15

在文艺生活并不丰富的年代，能够看场电影也基本满足了人们的需求。

以前的影院不少都不是独立的，都跟文化宫或者工人俱乐部建在一起，北京的不少王府大院就被改造成了这种场所，统称为劳动人民文化宫。除了现在北京长安街上、天安门东边的著名景点外，80年代各种大小的文化宫可不止一个。

小时候偶尔能跟着家长进去看场电影，这样的机会一年也没几次。不管什么片子，能坐在黑压压一片的放映厅里，盯着跟前刺眼的大银幕，这股子兴奋劲儿直到电影结束后，还会持续至少一个月。如果胡同河边的孩子们，看的是同一部电影的话，这种兴奋还会一直继续下去。

20世纪80年代改革开放初期，不少外国影片经上海电影译制厂翻译配音后在国内放映，几十年来诞生了无数传奇的经典。其中80年代初上映的法国喜剧影片《虎口脱险》，反响尤其强烈，口碑流传至今，经久不衰。影片的导演与演员喜剧功力出众，再加上上译厂出色的配音大师们，便成为了一部绝妙精彩的声画艺术品！剧中的众多角色在配音的二次塑造后，成为了那个时代大银幕上中国人心中的老朋友与无法忘却的声音记忆。

《虎口脱险》主要演员与配音演员名单：

油漆匠：奥古斯德·布卫 / 配音：于鼎

"我要回巴黎,做我的油漆匠,我要刷子,我要买新刷子,我要长刷子,不要扁刷子,这个你不懂。"

指挥家：斯塔尼斯拉斯·纳伯尔 / 配音：尚华

"这个作品要按我个人的理解,奏得还不够奔放,还不够慷慨激昂,要慷慨激昂!梆……铛现在,见鬼'呢呢呢呢呢'就像温吞水,好像不错,其实很糟,很糟!回到十七小节!"

金发姑娘：朱丽叶特 / 配音：程晓桦

"电梯要开到顶楼,那英国人就会被活活挤死。"

英军中队长：雷金纳德 / 配音：杨文元

"留大胡子？我就是大胡子,我本来有胡子,我把它剃了。太危险了,太英国了,太英国了！"

英军飞行员：皮特·库宁汉 / 配音：施融

"谢谢,小姐,谢谢!皮特·库宁汉,英国空军。"

英军飞行员：麦金托什 / 配音：严崇德

"我叫麦金托什,我,麦金托什！"

德军上校：阿赫巴赫 / 配音：翁振新

"一枪毙了你,一枪毙了你,只要放两枪,就要了你们俩的命。那狗是谁给的？这军装又是谁给的？"

德军司令、士兵 / 配音：童自荣

"是奸细!抓住这条狗！"

修道院嬷嬷：玛丽-奥黛尔 / 配音：丁建华

"车上太重了,把酒桶扔了!快点儿扔吧,马拉不动了。"

斗鸡眼、动物园管理员、纳粹军官 / 配音：乔榛

"快走吧,动物园6点就开门,来的都是德国人。不仅你要倒霉,我也要遭殃啦。"

旅店老板娘 / 配音：苏秀

"在我这儿,准保叫你们满意。"

朱丽叶特的外公 / 配音：周瀚

"噢,我真是有幸会见两位英国飞行员,一名法国英雄。"

房东太太 / 配音：赵慎之

"有些人老是不关上门。"

虎口脱险

这才没骑两步,又饿了?你也忒馋啦!

桥头有人画画呢.走,瞅一眼去!

你给我等着!明儿我告老师去!

天热是天热,但后海河沿儿的大柳树上季鸟不停地叫,让小伙伴脑门儿上的汗珠子怎么平静?这种天儿最爱的一口儿,就是芝麻酱面,配上一根黄瓜两瓣蒜,绝对从头舒坦到脚后跟儿。

以前没有整瓶的芝麻酱卖,要么赶巧您家门口有推车的大妈来卖,要么就得拿着空瓶去副食店买。但是"买"字基本都改成了"打"字,所以家里要是吃完了,就会叫孩子:"阳子,打二两麻酱去!桥头。"

这不,出来打芝麻酱的顺道儿,还能去大队长家的小卖铺蹭根儿奶油冰棍儿。香!真香!

三轮童车的历史很悠久,从50年代到80年代一直都在生产,童车的造型也随着时代进化,这本身就如同一部工业设计的演变史。

我儿时的小三轮,质量好到后来快上学了我还在骑,这三个小轮子就是带动自我、开拓视野的第一步。我对于三轮热爱如斯,以至于后来直到上初中才学会骑两轮的自行车。

儿童三轮车大图解

童年胡同的惬意就是，不管您是跟发小儿逮蛐蛐儿、求邻居二大爷修车，还是招呼大队长看望小病号，甚至是不凑巧碰见了酒腻子二大爷，甭忙，大家照个面，都是客客气气地打声招呼，然后互不打扰，各忙各的，不紧不慢地继续着手头的一切。

　　您出鼓楼西穿过一条曾经卖过烟袋的斜街，看到一座白色的单孔石拱桥，向前两步站在桥上，就能欣赏到曾经的燕京八景之一：银锭观山。后面有人又加了一句，凑成一句戏谑话："银锭桥观山，烤肉季吃肉。"细琢磨这位一定也是个吃主儿。这座白色的单孔石拱桥，叫银锭桥，始建于明朝，现如今已经五百多年的历史了。别看这座桥体量不大，它可是连接着什刹海水系中后海与前海的最窄交汇处。夏天透亮的时候，站在桥上往西看，红日依着西山，随云渐渐隐退于水面，虽处京师却也能欣赏江南之意。

　　坐东面西，桥的左边是南沿，右边是北沿，儿时奶奶家就在南沿大街的中间。

　　后海的热闹，绝非酒肆俗世的光怪陆离，而是一种乐业安居、平静散淡的百姓热闹。立于桥头，不管您是剃头、钓鱼、吃冰棍儿，还是下棋、喝茶、买包子，总能找到个乐呵的所在。

　　两岸绿柳垂堤，荷花浮萍掠影。沿上人家炊烟，缘来惊世梦醒。——老葛

儿时一年四季之中，最爱听到的沿街叫卖就是："冰棍儿！小豆冰棍儿！奶油冰棍儿！"不管我在干什么，都会放下一切，跑出院外。但万一出来晚了，人已走远，没关系，奔桥头儿！准能瞧见位推冰棍车的奶奶，没等开口，老人笑眯眯的就知道你要小豆的还是奶油的。手头儿富裕的话，再来根儿糖葫芦，二者同时入口，一冰一酸的感受，绝对让你不顾五脏庙里的翻滚，还有后槽牙上见底的大洞。

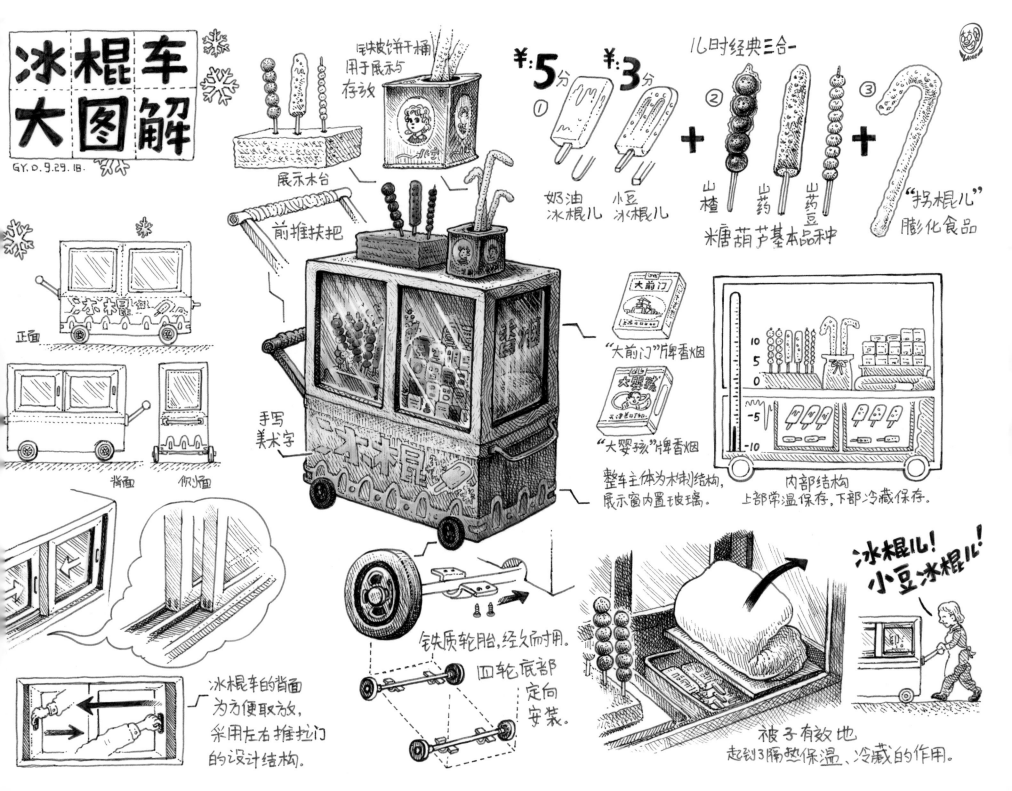

冰棍车大图解

GY. D. 9.29. 18.

展示木台

用铁皮饼干桶
用于展示与存放

前推扶把

手写美术字

整车主体为木制结构，展示窗内置玻璃。

¥:5分 ① 奶油冰棍儿
¥:3分 小豆冰棍儿

儿时经典三合一

② 山楂 山药 山药豆
糖葫芦基本品种

③ "拐棍儿"膨化食品

"大前门"牌香烟

"大婴孩"牌香烟

内部结构
上部常温保存，下部冷藏保存。

正面

背面   侧面

冰棍车的背面为方便取放，采用左右推拉门的设计结构。

铁质轮胎，经久耐用。

四轮底部定向安装。

冰棍儿！
小豆冰棍儿！

被子有效地起到隔热保温、冷藏的作用。

伟大领袖毛主席在1917年4月1日的《新青年》第三卷第二号上，曾发表过一篇名为《体育之研究》的文章，文中有一句"文明其精神，野蛮其体魄"。换成白话文就是：想要让人们精神变得文明，应该先使他们的身体强健。现在一切从娃娃抓起，孩子身体素质的增强，离不开户外活动的锻炼。继而想起儿时家长常说的口头语"成天介疯玩疯跑"，这其中的玩与跑恰恰就是锻炼体魄的关键。

放学回家的必经之路上，有个绿意盎然的小花园，那么，是时候交流一卜海灯法师与鹰爪铁布衫的招式了……天色已晚，咱们明日再战！而后满头大汗小脸红扑扑地进了家，桌子上的馒头也比平时没得快了那么一点。

在电视内容单一而手机尚未发明的年代，河边胡同的孩子放学后，写完作业干什么？叫上前院的小明与西屋的小红，找块空地，一个沙包，几根粉笔，男孩女孩，齐盖大楼！尽管"跳房子"有点古老，但论起最简便、有趣、环保的室外游戏，一定是非它莫属。

"小小子儿，坐门墩儿，哭着喊着要媳妇儿……"

"一二三四五六七,七六五四三二一……"

"70后"和"80后"的父母，不少都是双职工，平时早出晚归，所以孩子上下学都得靠自己步行。

出门前，脖子上除了鲜艳的红领巾，还必须挂着一串家门钥匙，俗称"钥匙孩"。也正是这种情况，使得结伴而行的同学友谊，早已升华为亲切的兄弟义气，真正做到了高高兴兴上学去，平平安安回家来。

偶尔有时家长早下班顺道来接，孩子反而流露出不太情愿的情绪。情绪通常最终总会被糖衣炮弹打破。

现在的人们对"人造革"这个名词有些许陌生，可在物质和经济不算富裕的年代里，人造革这种仿皮的超细纤维，代替真正的皮制品，走进了千家万户。其中应用最为广泛的就是在箱包领域，款式最为经典的就是手提和单肩两种。

印象最深的就是爷爷的单肩手提包，乌黑里透出淡淡的蓝光，这不就是漆皮吗！前卫了40年！

当然，时代特征的烙印还是反映在提包正面的图形上，暗金色的两个大字"北京"，形式为上汉字下拼音，设计风格为80年代通用的美术商标体，低调简约又大方。另一种代表图形，就是"上海"，除了阐释产地信息，也间接体现了当时两大出差目的地的地位。

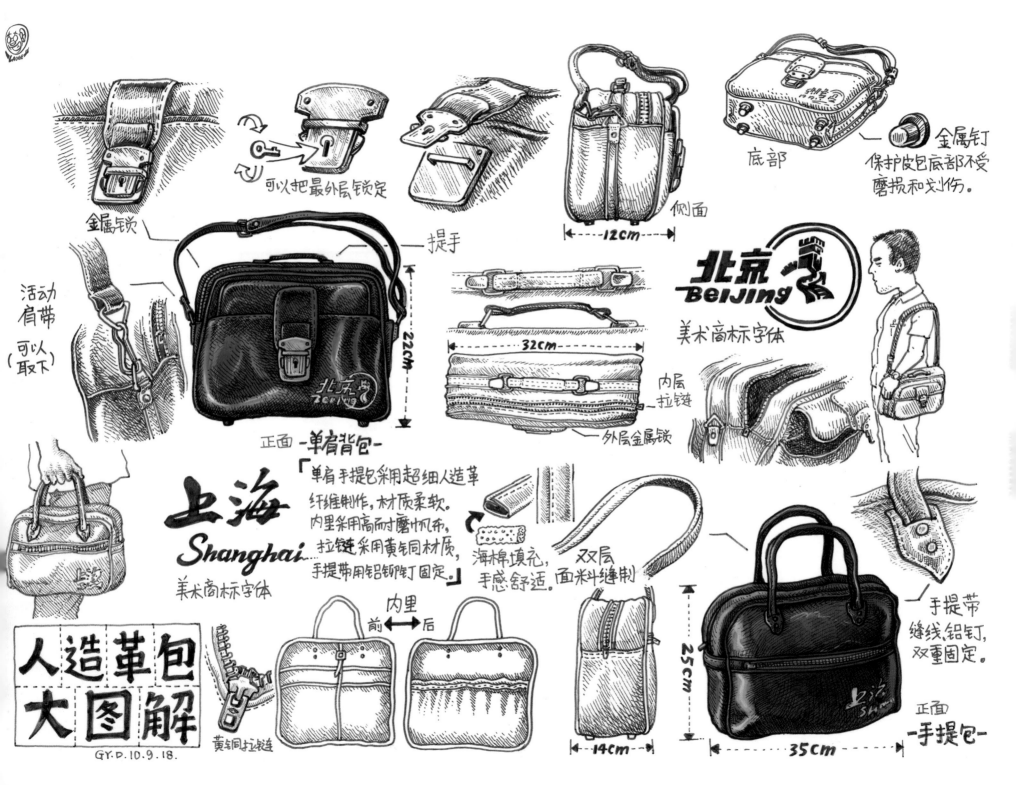

金属锁

可以把最外层锁定

提手

侧面

←--12cm--→

底部

金属钉
保护皮包底部不受
磨损和戈伤。

活动
肩带
可以
取下

22cm

←----32cm----→

内层
拉链

外层金属锁

北京 BeiJing

美术商标字体

正面 -单肩背包-

上海 Shanghai

美术商标字体

「单肩手提包采用超细人造革
纤维制作，材质柔软。
内里采用高耐磨帆布，
拉链采用黄铜材质，
手提带用铝铆钉固定。」

海棉填充，
手感舒适。

双层
面料缝制

手提带
缝线铝钉，
双重固定。

人造革包
大图解

GY.D.10.9.18.

黄铜拉链

内里
前 ←→ 后

25cm

上海 shanghai

←--14cm--→

←---- 35cm ----→

正面
-手提包-

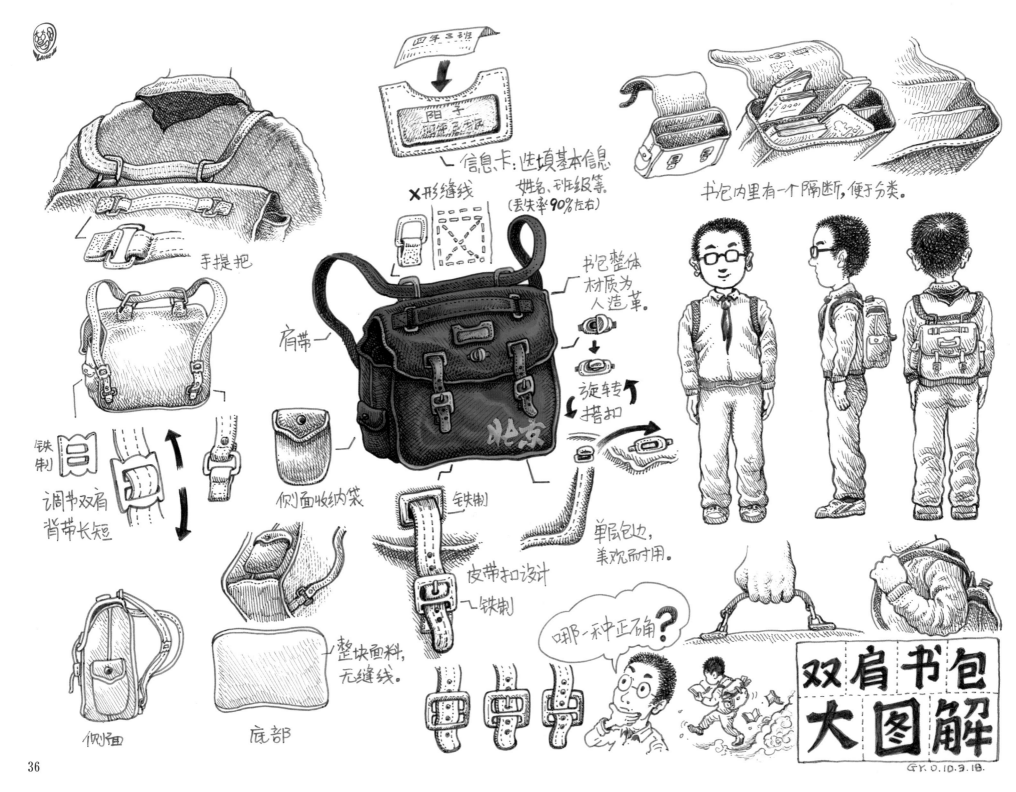

整个小学时期，记得没换过几个书包，现在回想，是自己爱惜还是很少打开，不得而知，但可以确定的是，基本与用功读书这个选项无缘。

　　以前的书包，抛开款式不说，单论承载负荷，与现在孩子们的"旅行箱"根本不是一个量级。但事实说明，我们这些快乐的四个现代化建设的革命接班人，也都长大成人，为人父母了。

　　有一个永远不过时的定律，就是每到暑假过后，开学的头几天，小伙伴们的生物钟总是与学校的时钟不在一个维度，且调时差的代价往往都很惨重。

　　是不是只有孩子才会像风一样奔跑——疯跑？或者说，会疯跑的人骨子里都是孩子？

什刹海由前海、后海、西海三个水域组成，是离北京中轴线最近的水域，面积达33.6万平方米。这么大的一片，在北京内城算是唯一的开阔水域了。

后海在80年代的时候还没有大规模清理河底的淤泥和水草，水里的生物那是相当多样化，虾米、泥鳅、小蝌蚪，最不缺的还是鱼，以鲤鱼和鲫鱼为主。这自然招来了不少钓鱼迷，但是在我的记忆中，这个群体都跟警察叔叔打过不少交道，原因就是此地"禁止钓鱼"！

一个惬意的下午，小李叔望着水篓子里的收获，差点笑出声来，整整5条大鲫瓜子，正在盘算着红烧还是焦熘的时候，一阵急促的警笛声打破了这份平静的遐想。

"我这点儿也忒背了！联防队的又抄来了！"

"阳子！阳子！我这海竿你先给我藏着啊！回头我请你……"

"这片地区禁止钓鱼！请您配合执法！配合……小李子！别跑了嘿！鱼都撒出来了唉！"

民以食为天，一日之计在于晨，早点在老百姓的日子里太重要了。北京的早点品种不少，可留给我印象最深的还是油饼、豆浆、豆腐脑和包子、炒肝这两样经典组合。

平时不管您起多早，肯定没街头巷尾的早点摊儿早，单论包子和面做馅，人家夜里三点就开工了。排队买油饼时看着老板伙计忙活的身影，心生尊敬的同时，也感悟这份辛苦钱是真不好赚。

"何奶奶，您先来，家里孙子等着上学呢吧？"

"哟，这真过意不去啊，二柱子。"

"嗨！咱这街里街坊的，您可见外了啊。"

……

忙归忙，买的卖的都不急不躁，讲究！

北京的早点，论品种不如南方"过早"的丰富，但是里面讲究的门道却是不少。单就一个炸油饼就充满了学问，炸油饼火候是关键，炸糖油饼这个2.0加强版更是难以掌握。油饼中间的糖色儿深了糊了，浅了不到火候，要想炸出漂亮诱人的焦糖色，除了勤学苦练，还得有点吃主儿的悟性才行。

（北京土语中"色"的发音为shǎi，后缀多加er组合，连读为shǎi-er）

油饼用的是标准的低筋面粉，加上鸡蛋、盐、食用碱、食用油、水，还有小苏打一起和面。这样和好的面坯就是普通油饼的前身了。

但是，要炸糖油饼，就要用白糖和基础面坯一起和，最终形成一个糖面坯，再用擀面杖把"糖""普"上下两层面坯一起擀成扁平的圆形，中间用刀划出刀口，即可下锅油炸了。

据说以前的老枕矩，油饼下锅炸之前，要在面坯中间用刀划三个小口，这样炸出来更好吃。

两面青

油炸前

油炸后

正宗的糖油饼炸出来后，中间呈现出漂亮的焦糖色，这是糖在高温（260℃以上）炸制中发生了反应，形成了焦糖。糖油饼糊的糖，老范儿的都用白糖，高温呈现色泽，现在也有用红糖的，在较低油温下也能呈现焦糖的深褐色。

·糖油饼·

深褐色的糖鼓盖

油饼横切面

刚出锅的啊！

糖坯 → 普坯

↓

糖油坯

儿时早起上学，最美妙的就是在早点扠佳上，撕一块儿刚炸好的糖油饼，泡在热气腾腾的甜豆浆中，只需轻轻一沾，柔软酥脆尽入口中，一切都变美好了……

19.4
GY.D

糖油饼
早点大图解

44

奶奶家的小院，一年四季都有绿色。具体有多少品种已经模糊了，只记得墙角、窗台、屋里院外都是爷爷细心栽培出的处处生机。

·文竹· 百合科，天门冬属，枝叶细软，雅致可爱。对盆景最初的认识就是文竹，案头上的雅致之物。

·石榴· 石榴科，石榴属。
"天棚鱼缸石榴树，先生肥狗胖丫头"这句老话描绘出了百姓心目中的舒适安乐，也体现出石榴与四合院的绝配，也蕴含了中国人多子多孙的和谐宇宙观。

·探春· 忍冬科，荚蒾属。
顾名思义，探春是春天的早开花木，与报春、迎春共称为"三春花"，每每在院中看到黄色、白色的探春盛开，便是冬去春来之时。

北京市花

·月季· 蔷薇科，蔷薇属。
小时候常把月季、牡丹混为一谈，老人每次都笑嘻嘻地说：这叫"月生春"，小院里的最美月月红。

·柑橘· 芸香科。
本是观果木植物，但小时候却没少偷吃。酸涩入胞，后来得知全是盆栽的变种。

名字里透着仙气：
佛手，香圆，
罗浮，金弹。
几个北京常见的品种

·天竺葵· 牻牛儿苗科，天竺葵属。

印象
最深的就是天竺葵的叶子和味道。蒲扇形状的叶子总被揪下，留在手上的味道久久不散。

爷爷的花

45

老北京的院落里，一年四季都会有花花草草点缀其中，周正端庄的王府大院里讲究的是古代的园林艺术，平常百姓的小院里也能栽培出自家的绿意盎然。家里屋外窗台儿上，花盆儿脸盆儿一起上，都能种出红花绿草，一切都透着自如的舒坦与内心的快乐。

奶奶家的小院，格局摆设一直都刻在我心上。泛黄的记忆里面，爷爷种的花花草草总是格外的鲜艳，布满了整个院落。迎面花香的芬芳，抬头果实的饱满，顺着枝叶深扎在土壤里的破搪瓷脸盆儿中，一簇簇的天竺葵，盛开的并不是红花，其实都是些爷爷的"小确幸"，灿烂、短暂、沁心。

47

北京种植菊花已有很长的历史，由于特有的气候条件，形成了自己独特的种植风格，也就是多以表现品种特性的独本菊为主。栽培的方法也是由脚芽培植，每株保留一朵单花，花型大、色彩艳，非常充分地体现了菊花的品种特色，进而达到最佳的观赏效果。

北京入秋后气候寒冷，栽培的独本菊恰好展现出菊花不畏寒欺霜凌的气节。这本身也符合菊花作为典型的短日照植物的需求，短日照和低温恰恰成为其生长发育的重要条件，菊花又耐干旱、畏积水，喜欢含腐殖质丰富的沙质土壤，对土的酸碱性也无要求，可能这就是北京地区的菊花自古如此丰富的原因吧。

爷爷，爷爷！这盆给您搬来了！

哎哟，小祖宗，你可小心我的紫如意哟！

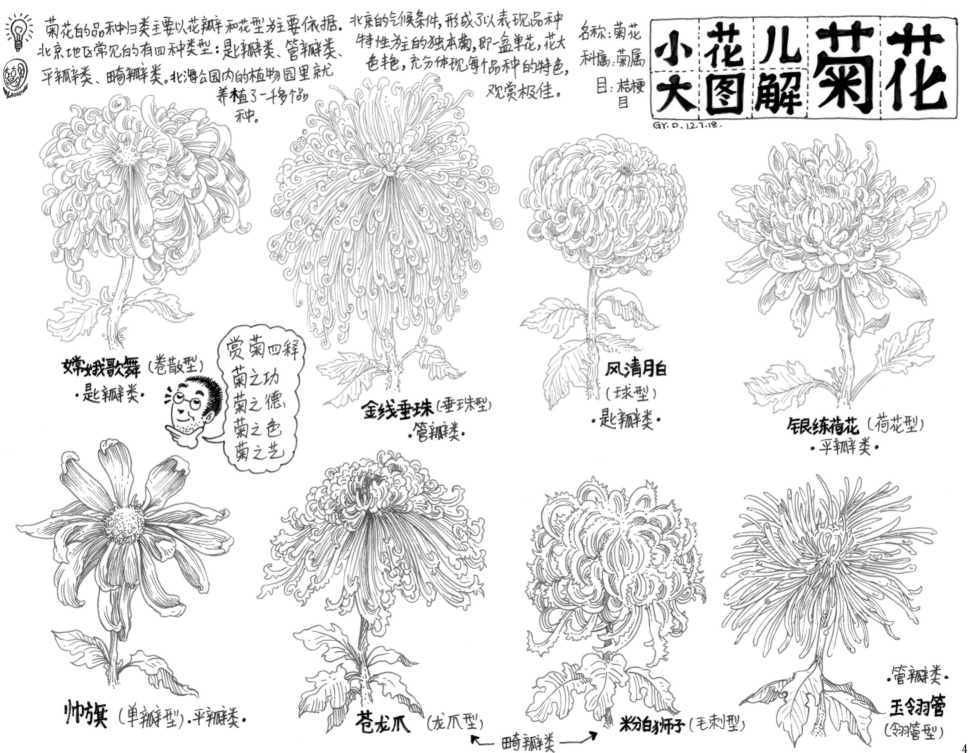

菊花的品种归类主要以花瓣和花型为主要依据. 北京地区常见的有四种类型:匙瓣类、管瓣类、平瓣类、畸瓣类. 北海公园内的植物园里就养植了一千多个品种。

北京的气候条件,形成了以表现品种特性为主的独本菊,即一盆单花,花大色艳,充分体现每个品种的特色,观赏极佳。

名称:菊花
科属:菊属
目:桔梗目

小大花儿图解菊花

GY.D. 12.7.18.

赏菊四释
菊之功
菊之德
菊之色
菊之艺

嫦娥歌舞(卷散型)
·匙瓣类·

金线垂珠(垂珠型)
·管瓣类·

风清月白
(球型)
·匙瓣类·

银练荷花(荷花型)
·平瓣类·

帅旗(单瓣型)·平瓣类·

苍龙爪(龙爪型)

粉白狮子(毛刺型)

←—畸瓣类—→

玉翎羽管
(翎管型)
·管瓣类·

49

据考证北京地区的菊花品种历史上曾达2800多种，如此惊人的数量，绝对说明了老百姓对菊花的无限热爱。这么多的品种，怎么分类？其实就是根据每个品种的花型来区分，什么单瓣型、龙爪型、垂珠型、毛刺型、荷花型等十余种花型。再以每株花单个花瓣的特征分类，北京地区常见的无外乎四大类：匙瓣类、管瓣类、平瓣类、畸瓣类。有先贤总结了赏菊的四个重点：

1.菊之功：即菊花本身的药用价值、食用价值；菊花花序可入药，有清热解毒、平肝明目之效，据说以前有种在涮羊肉的铜锅里加入菊花煮汤的珍奇火锅，名为"菊花锅子"。

2.菊之德：即菊花所代表的德行品格，菊花经受四季的洗礼而叶枯不落，花谢不零，人们以此称许其高洁的德行与气节。

3.菊之色：即菊花的花型与色彩，经过老祖宗近千年的培育，菊花的姿色早已千变万化绚丽多彩。

4.菊之艺：即菊花栽培者的园艺技术与艺术造诣，据说一株菊花经过多次摘心后，能够分生出上千个花蕾，再经过造型上的处理，进而成为一株株如嫦娥奔月、长风万里、贵妃醉酒、蝉宫桂色、碧玉钩盘等精致古典的活诗歌。

菊花的栽培基本上都使用盆栽，一盆土的好坏，是直接影响生长开花的关键。配制了合格的好土后，就可以开始繁殖菊花了，有分根、扦插、嫁接、播种等多个方法，但是普遍采用的都是简便而成活率高的扦插法。

菊花栽培大图解

GY.D. 12.11.18.

取菊花的枝条若干单根长度在9至10厘米。(已经开过花的枝条) 5~6月开始扦插最好。

1.扦插.
菊花繁殖的常规方法

剪下枝条顶端的嫩枝芽

剪下枝条最末端节下的部防。此处聚集营养最多，易生根。

节下0.5厘米斜剪

枝条上太大的叶子留半边即可

修剪好的枝条

.育苗.2

入土1/3即可

扦插阶段，将剪好的枝条放入较大的容器中，普通的园土可育。

每天浇少量水，保湿即可。

20~25天后，枝长高，生新芽。

小心挖出长好根部的菊苗。

3.上苗.(上盆)

20~25cm
18~20cm

(素烧瓦盆) + (菊苗) = (上盆)

用瓦片堵住底部的小孔

←培养土
←隔水层(防止烂根)

泡沫塑料
核桃壳
木炭
蹄角片
陶粒

均可做为隔水底料

·培养土的配制比例·

园土(含少量河沙)
园土50%
腐叶土20%
腐叶土
厩肥20%
厩肥
草木灰10%
草木灰

4.控高.(摘心)
菊苗入盆后15天进行剪枝控制高度.

需要修剪3次左右，剪去最顶端的，留3~4片叶，25天剪一次。

8月份立秋前后左右进行最后次剪枝。
修剪第次生长出的侧芽，留2片叶。

5.施肥.
基本原则就是少量多施，先淡后浓，开始为10天1次，之后1周次。

畜粪
饼肥
骨粉
过磷酸钙
混合基肥

★施肥不要污染叶片，防止脱叶！

6.疏蕾.
目的是去除剥去主枝。主蕾上萌生的侧枝、侧蕾，使主枝健壮，养分集中给主蕾，保障开花的品质。9月左右长出花蕾。

① ② ③ ④

①未除去侧枝、侧蕾的枝条
②留下主蕾和预备蕾(以防万一)
③准备去除预备蕾
④留下主蕾的主枝

7.浇水与开花.
菊花只在7~8月生长期，需早晚大量水分，其余阶段少量，1天1次即可。
10~12月均是菊花的开花期！！花期很长，尽情欣赏吧！！

记得画这张的时候，赶上了桑拿天，热得让人冒油，画纸都潮乎乎的，偶尔抬头望望天，越看越像棉花套儿的云彩，飘进脑中，在这同样的蓝天白云下，仿佛能够穿越回小时候那个不算热的夏日午后，仿佛能听见当时的街谈巷语……

　　"丝瓜！丝瓜！这不是窝瓜是丝瓜！"

　　"二妮他爸爸，这根儿青亮儿，捡这根儿。"

　　"哥哥讨厌鬼！又不带我玩！"

　　生命的交叉，缠绕又顽强，这死缠烂打的植物原力让我自勉！后海夏天平房屋檐上的那一抹交织的绿色，荫下独有的清凉舒适，我十分想念……

北京人养鸟可以追溯到清初，当时满八旗入关，除了军队，还带来了满洲人的生活习惯，其中就有"养百灵"。饲养百灵，自古有南北两派之分，"北派"讲究百灵的鸣叫有章法，"南派"则喜欢百灵绕笼飞鸣。其中北派的代表地区，北京养百灵到最后是否玩得正宗，必须要看其叫声是否达到"十三套"的效鸣标准，就是看这位爷的百灵，能否效仿鸣叫出这些音儿来。京派民俗大家金受申先生把这十二种叫声归纳为：

1. 家雀噪林

2. 山喜鹊

3. 红子

4. 群鸡

5. 呼哨

6. 小燕儿

7. 小猫恋母

8. 大喜鹊

9. 鹞子

10. 靛颏心儿

11. 苇柞子

12. 黄鸟套

13. 胡伯劳交尾儿

以上就是著名的"百灵十三套"，这是北京北城的"净口"叫法，到了南城加入了"小车轴声"和"轧狗子"之后改叫"清口"。北派

百灵的笼子也是大小适中，朴素典雅。这可真应验了那句"玩归玩，但规矩讲究不能少"。

小时候后海的河沿儿边上，提笼架鸟的大爷，斗嘴、吹牛、打哈哈，俨然就是幅生动活泼的钢笔素描，质朴有力中散发出一派难得的安逸与舒适。

百灵鸟与笼大图解

·笼钩部位名称·

笼钩有文武之分，文钩以阳刻名人诗词为主，武钩多以浮雕佳龙纹装饰为主。材质上有金、银、铜、象牙、犄、玉等。

钩勾
钩尖
拐脖儿
十三道半(缠绕加固)
豆(螺丝母)
头道圈
二道圈
笼门 三道圈
高土挡 四道圈
五道圈
跪腿
笼钩

·北派百灵笼·

鸟笼分四大类：北笼(京津冀)、南笼(江沪浙)、广笼(粤港)、川笼(川渝)。北笼素色为黄，简洁大方，那笼钩、顶盖、顶棚设计讲究。饲养百灵鸟，在北京已有二百多年之久，笼多为竹制，大气不失玲珑。笼条有60、64、72根之分。

笼钩
笼顶
笼条
水罐(挂在水门上)
销钉★ 画眉鸟笼有杆，要常遛晃。
月退
大边

直径
60cm XL
45cm L
30cm S

55~160cm
40~50cm
25cm

25cm
30cm

·百灵笼的三种规格·

3种鸟食
饲料颗粒(商品)钙
谷子(粟)蛋白质、维生素B2，天生便剥壳。
蛋小米(蛋清加小米调和)，催情♥

名称：百灵鸟
目：雀形目
科：百灵科

百灵十三套(效鸣)

①家雀噪林 ②山喜鹊
③红子 ④群鸡
⑤呼哨 ⑥小燕儿
⑦小猫恋母 ⑧大喜鹊
⑨鸽子 ⑩靛颏心儿
⑪苇柞子 ⑫黄鸟套
⑬胡伯劳多尾儿
(北城 净口)

·凤头百灵·
(高冷大方)
看样儿

·蒙古百灵·
(善鸣活泼)
听音儿

土台也叫"凤凰台"，供其鸣唱。

百灵是地栖鸟，生性好动，所以笼底铺细河沙，供其沙浴，水缸置外也是防沙防粪。

条粗 0.2~0.3cm
条间距 1.5cm

笼内的食缸和水罐多以瓷为主，也有木质、景泰蓝的。过去的大户玩主，配有各种青瓷、青花、粉彩瓷缸罐，也是身份的象征，此类罐均为上品。

百灵不用老晃动。
POWER

·遛鸟·

鸟儿认生胆小，最好在早上提笼外出，行进时随手臂自然摆动，晃动别太大，笼衣内的鸟本身也在运动，增强体质。至公园处，渐渐拉开笼衣，挂于树上，鸟儿熟悉环境后，就开唱了!!

·发声原理·

两翅扇动的风力，飞行中的逆向风力，吹向哨口发出声音。

Punk Not Dead

额头羽毛凤形黑色（1元观如黑点，故取名"点子"）

·北京鸽哨·

鸽哨又称鸽铃，在富察敦崇著、光绪年成书的《燕京岁时记》里讲："凡放鸽之时，必以竹哨缀之于尾上，谓之壶卢，又谓之哨子。"里面提到哨音的描写："盘旋之际，响彻云霄，五音皆备，真可以悦性陶情。"北京鸽哨的历史已有二百多年，经过历代名家工匠打造，而今已成为又一具有代表性的北京非物质文化遗产。

北京鸽哨，根据造型分为四大类：

1. 葫芦类（9种）
以圆形葫芦为主体的鸽哨。

2. 联筒类（8种）
用管状哨制成的鸽哨。

3. 星排类（3种）
以托板为底座的鸽哨。

4. 星眼类（15种）
扁圆葫芦和管状哨相结合的鸽哨。

·制造材料·
竹子：哨口，筒肚，托
葫芦：哨肚
芦苇：小崽，三联筒

上喙为黑色，下喙为白色，称"阴阳嘴"

北京点子鸽是我国历史悠久的传统品种，有近五百年的培育历史，属于高飞类型的观赏鸽。纯正血统的品种，头讲究额头方圆，有黑色凤头齐额。嘴为阴阳嘴，全身雪白，黑尾，脚为五爪，全具备者堪称纯正珍品。

名称：北京点子鸽
目：鸽形目
科属：鸽属 鸠鸽科

北京鸽与哨大图解

GY.D.11.12.18.

额头羽毛凤形黑色

金色眼球细白眼皮

全身羽毛雪白

葫芦口（哨口）
小崽
小崽（门崽）
葫芦肚（哨肚）
眼
鼻儿（把柄）

·鸽哨图示·
（七音葫芦鸽哨）

·鸽哨的佩系·

① 鸽子的尾令羽有12根。在正中近臀尖处选4根出来。

② 用丝线将4根尾令羽在根部打结系牢。

③ 传统是用针刺穿尾令羽管4根，引线围绕打结系牢。

④ 1.5cm 打结处距尾臀尖需1.5厘米间隔。

⑤ 佩系时，哨口朝前，将哨鼻（把）插入四根尾令羽正中，向下到头，正好将哨鼻上的眼（圆孔）在尾令羽下方露出。

⑥ 用5厘米长的铅丝穿过圆孔，结成圈状，两端系结以防止长开。

系鸽哨也叫"缝哨尾子"，一年一次，夏季鸽子换毛时是最好时机。

至此大功告成，佩系完毕！！

黑尾

鸽子一般有四个脚趾。而"北京点子"有些品种的后脚趾分叉为两个脚趾甲，称为"五爪"，是此类中的珍品！

·北京点子鸽·
（北京话：点子）

56

养鸽与鸽哨，在北京的定义是传统的民俗与非物质文化遗产的交融。两者各自历史悠久，却又你中有我我中有你般的互为统一。孰轻孰重并无关系，但若身在北京的四合院中，抬眼望去，天际间不见了飞翔的鸽群，耳畔间听不到悠扬的鸽哨，那么古韵又从何而来呢？

杨大爷，天儿晚了，我这招呼宝贝儿们回窝啦。

曾经环绕天际的鸽哨余音，打小我就认为这是最美最北京的声音，悠扬中伴有节奏，持久中伴有舒缓。比起自己入浴高歌的噪声，真是舒坦了一万个莫扎特还不止……

二子！悠着点儿哎，又上房嘛去？

跟着大人逛花鸟鱼虫市场，绝对是儿时最佳的户外生物观察课，比去动物园还有意思。市场里千奇百怪的动植物，夹杂着售卖各种商场里没有的物件儿，叫卖的吆喝掺上莫名的动物气味，简直就是一场刺激好玩的动植物学"大爆炸"。

无背鳍

天天向上

内部结构

北京金鱼大图解 朝天龙

GY.D. 10.10.18.

名称: 朝天龙 (望天眼)
品种: 龙背种金鱼
水温: 10—30℃
食性: 动物性饵料:
水蚤, 水蚯蚓;
植物性饵料:
芜萍, 浮游海藻

尾鳍分叉为四, 称为蝶尾。

朝天龙的眼睛以眼球、眼圈、眼眶构成一组同心圆。俯视向下看, 其中各有一道金色光泽环绕, 因此得名 **"三环套月"**

眼球
眼圈
眼眶

40天	60天	80天	100天
眼球微凸	圆大似龙睛	以45度角向前倾斜生长	再以45度角向上翻转

人鱼目光对视, 甚是有趣。
旧时养在宫廷中, 皇帝十分喜爱, 互视亦有朝见天子之意, 谓之朝天龙。

木相传, 几百年前的金鱼饲养家为创造希世品种, 竞相在眼睛上做文章, 将金鱼养在黑屋里, 只在屋顶打开一个小天窗, 迫使金鱼朝上看, 长年累月, 眼睛向上移位。

关于金鱼的起源，曾经有一个古老而美丽的传说：每到春暖花开，和风细柳，桑树吐绿之际，养蚕人将成熟的蚕卵从卵纸上摘下，而后放在瓦片的阴面用文火熏烤，之后再把它浸没于洁白的清水盆中，最后置于阳光下曝晒。几个时辰后，蚕卵开裂，破壳而出的不是蚕宝宝，却是一条条鲜红通透的小金鱼儿！

当然，传说是美丽的，事实却并非如此。金鱼的祖先其实就是野生金鲫鱼，聪明勤劳的劳动人民经过千百年来的摸索，最终饲养培育出了世上独有的水中观赏物种：中国金鱼。

《山海经》文载："睢水出焉，东南流注于江，其中多丹粟，多文鱼。"这里面的睢水就是安徽省境内的濉河，所提文鱼也就是金鲫鱼。《山海经》撰写自战国时期，也就是说距今二千多年以前，我国就已经发现了金鲫鱼这个物种，这充分证明了金鱼的故乡就在中国。

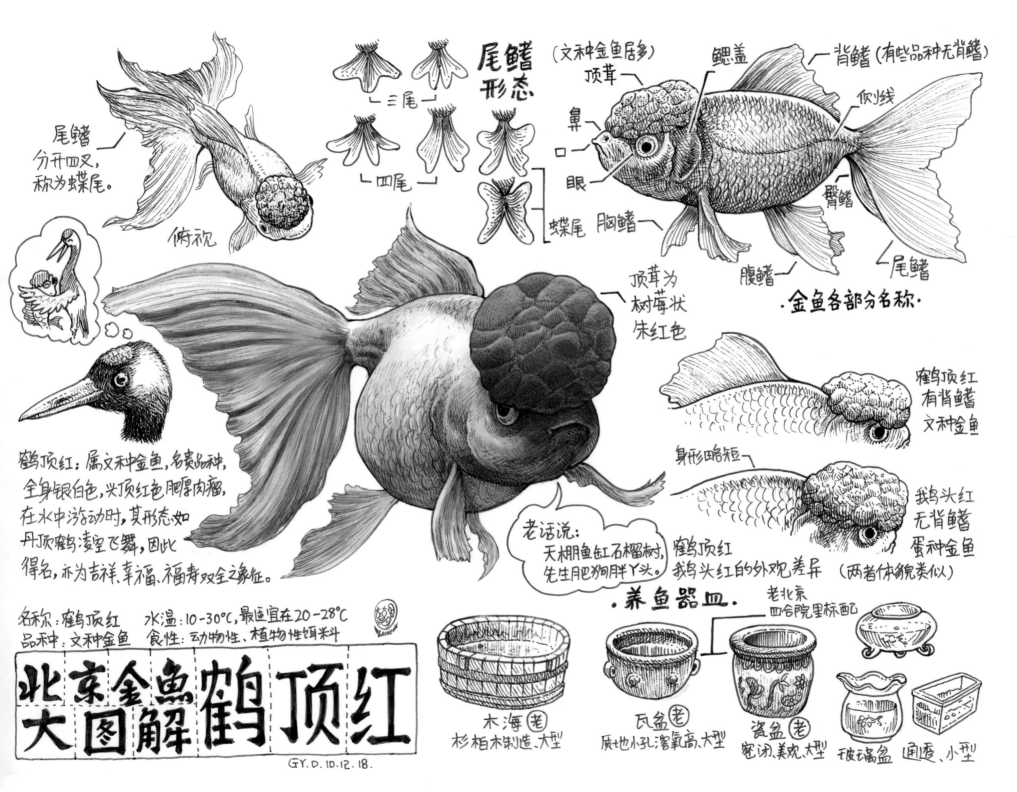

尾鳍形态

（文种金鱼居多）

三尾

四尾

蝶尾

尾鳍分开四叉，称为蝶尾。

俯视

鳃盖

背鳍（有些品种无背鳍）

顶茸

侧线

鼻

口

眼

臀鳍

胸鳍

腹鳍

尾鳍

·金鱼各部分名称·

顶茸为树莓状朱红色

雌鹤顶红有背鳍文种金鱼

身形略短

雄鸟头红无背鳍蛋种金鱼

鹤顶红：属文种金鱼，名贵品种，全身银白色，头顶红色肥厚肉瘤，在水中游动时，其形态如丹顶鹤凌空飞舞，因此得名，亦为吉祥、幸福、福寿双全之象征。

老话说：
天棚鱼缸石榴树，先生肥巴狗胖丫头。

雌鹤顶红
我鸟头红的外观差异（两者体貌类似）

·养鱼器皿·

老北京四合院里标配

名称：雌鹤顶红   水温：10-30℃，最适宜在20-28℃
品种：文种金鱼   食性：动物性、植物性饵料

北京金鱼大图解鹤顶红

GY.D.10.12.18.

木海（老）
杉柏木制造、大型

瓦盆（老）
质地小孔溶氧高、大型

瓷盆（老）
密闭、美观、大型

玻璃盆
圆卷、小型

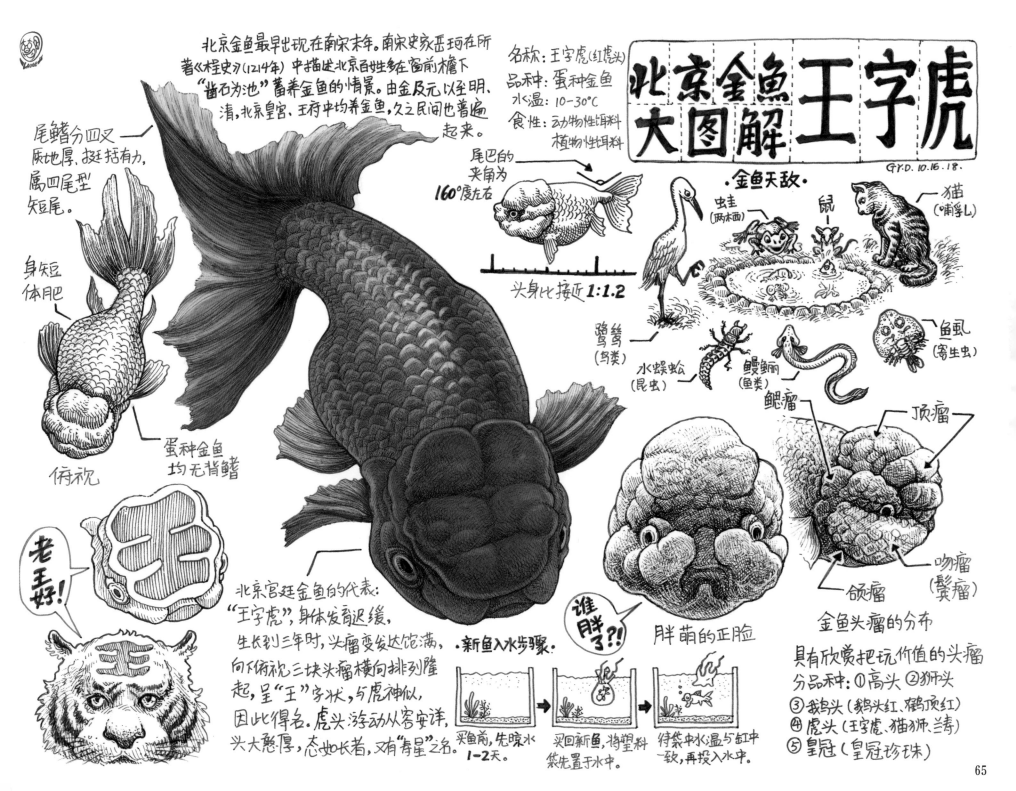

北京金鱼最早出现在南宋末年。南宋史家岳珂在所著《桯史》(1214年)中描述北京百姓多在窗前檐下"凿石为池"蓄养金鱼的情景。由金及元以至明、清,北京皇宫、王府中均养金鱼,久之民间也普遍起来。

名称:王字虎(红虎头)
品种:蛋种金鱼
水温:10-30℃
食性:动物性饵料 植物性饵料

尾鳍分四叉,质地厚,挺括有力,属四尾型短尾。

身短体肥

蛋种金鱼均无背鳍

俯视

尾巴的夹角为160°度左右

头身比接近1:1.2

·金鱼天敌·

虫圭(两本西)

鼠

猫(哺乳)

鹭鸶(鸟类)

水蜈蚣(昆虫)

鳗鲡(鱼类)

鱼虱(寄生虫)

鳃瘤

顶瘤

吻瘤(髭瘤)

颌瘤

金鱼头瘤的分布

老王好!

北京宫廷金鱼的代表:"王字虎",身体发育迟缓,生长到三年时,头瘤变发达饱满,向下俯视三块头瘤横向排列隆起,呈"王"字状,与虎神似,因此得名。虎头游动从容安详,头大憨厚,态如长者,又有"寿星"之名。

谁胖了?!

胖萌的正脸

具有欣赏把玩价值的头瘤分品种:①高头 ②狮头 ③我鸟头(鹅头红、鹤顶红) ④虎头(王字虎、猫狮、兰寿) ⑤皇冠(皇冠珍珠)

·新鱼入水步骤·

买鱼前,先晾水1-2天。

买回新鱼,将塑料袋先置于水中。

待袋中水温与缸中一致,再投入水中。

北京饲养金鱼的历史最早可追溯到南宋末年，后经金、元、明、清整整五代，都有饲养金鱼的史料记载。古代封建王朝中的金、元、明、清均建都或迁都于北京，北京成为政治文化中心，大批王公贵族与文人墨客居住于此，饲养把玩金鱼蔚然成风。而且玩家以拥有奇珍异种为荣，竞相高价争购新奇品种，也间接促进了有意识的人工选种和新品的培育市场，进而将金鱼养殖朝更为专业的家族产业化转型。北京南城的崇文门西南方向，有个地名叫"金鱼池"，这个地方就是早年间北京饲养金鱼最为集中繁华的总基地，地名仍存却已物是人非了。

从所谓的宫廷品种走向寻常百姓的家中，体现的无非是人们生活品味和情趣的提升。过去王府大院的奇珍异种，最终还是流传到了民间，本身从物种的角度看，优胜劣汰，繁殖最大化也是一种客观的保护。早年间有句形容美好生活的俗语：天棚鱼缸石榴树，先生肥狗胖丫头。北京金鱼比较著名的品种有朝天龙、鹤顶红、墨龙睛、王字虎等，希望它们能够存世得长久些，给这个世界多点快乐的色彩。儿时趴在奶奶家朝南的窗台上，望着椭圆形荷叶边的玻璃鱼缸里，绿色的水草映衬着，一条条小金鱼儿散发出五彩的光芒，水面上冒出一个个幸福的泡泡。

滋水枪算是一种伟大的发明，通过压力的作用把水提升为无形的武器。夏日炎炎，约上三五个好友，带好装备，共赴战场。前提是院里的大人好说话，不拿快乐与水费做等价换算，当然，这完全取决于"敌我双方"玩的是闪电战还是持久战。消暑降温之余，总有人动了歪脑筋，"枪口"瞄准无辜的小生灵，关键您倒是看清距离，掌握风向，分清益虫与害虫再动手哇，最后别殃及了她二婶刚晒的毛巾被呀！

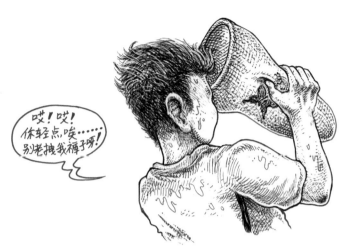

哎！哎！
你轻点,唉……!
别老拽我裤子呀!

虽说"人之初，性本善"，但儿时的欢乐却是不少昆虫的噩梦。北京话管知了叫"季鸟"，这种贯穿整个夏天一直叫个不停的昆虫，使我至今感觉天儿热了要是没有它的叫声陪伴，心里就会空落落的。可能是粘季鸟太多，被其被捉一刹那发出的绝唱，永久地刺激了耳膜。抄蜻蜓是河边长大的另一乐事，入伏后，树荫下，翻过栏杆，就能看见一对对沿着河边飞过的蜻蜓。抄河边的蜻蜓绝非易事，一来弄不好平衡怕会掉河里，一来得顶住难耐的曝晒，三来河边的品种都非善茬。最常见的有老膏药、老籽儿、老杆儿，这些在蜻蜓科属里都算是大蜓科，个儿大漂亮同时生猛无比，捉住后夹在手里自然也是炫耀的资本，唉。阿弥陀佛。

自小在后海南沿的奶奶家长大，小院平房对于我来说，总有份懒散得意的舒适，接地气的同时感悟到万物的生气与奇妙。有次去同学家写作业，他家在靠近恭王府的一个机关大院里，院子很深往里走了很久，过了一个影壁才到了家属院。院中有棵大槐树，正赶上他哥哥也在家，索性在院里先玩吧。于是乎围着树下的小花园，我们开始了"捕猎行动"。树上高的难逮，那就草丛里乱蹚，惊动的可不止蚂蚱、挂搭扁儿，西屋的王爷爷也带着外孙子和孙女加入了战斗。最后可以预见的就是，作业早已给忘得一干二净。

哥!哥!哥……

喔!我爷爷扣了仨大的,哟!比～你～强!

姥爷,姥爷,它疼吗?

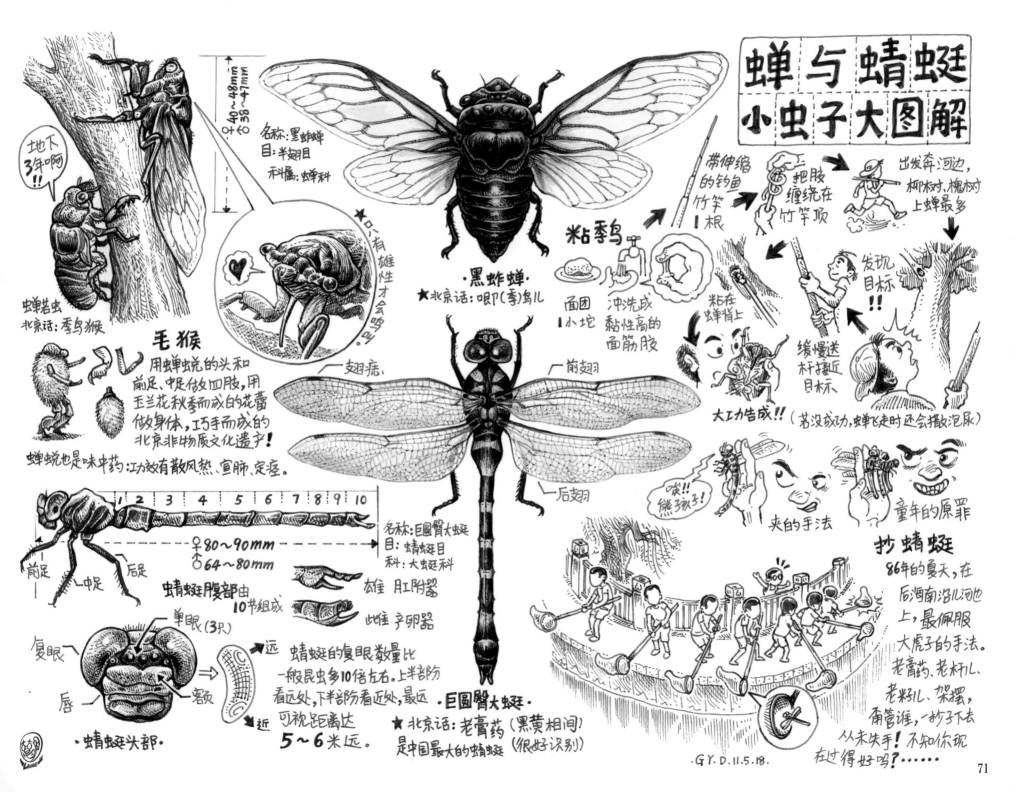

"螳螂捕蝉，黄雀在后"。其实这句成语在孩子的世界里，起码是小时候逮过螳螂的，都应该加上后半句"黄雀捕螳，弹弓在后"。当然，螳螂作为益虫，本不该抓捕，但是其独有的体貌特征，吸睛的草绿色泽，实在是自古以来就备受关注，俨然就是昆虫届的前辈巨星。

《庄子·人间世》："汝不知夫螳螂乎，怒其臂以当车辙，不知其不胜任也。"最后精华为四字成语：螳臂当车。自然界中也只有螳螂有此强壮的前足与无畏的胆量。

《欧冠子·天则》："楚人贫居，读《淮南子》，得螳螂伺蝉自障叶，可以隐形。"同样此精华为成语：一叶障目。作为昆虫拟态大师的螳螂，在捕虫少年的眼里也是值得敬畏的，而捕后平添成就喜悦之感。

除了古代先贤的文，自然少不了武，加上武术螳螂拳，才是文武双全的大刀螂。

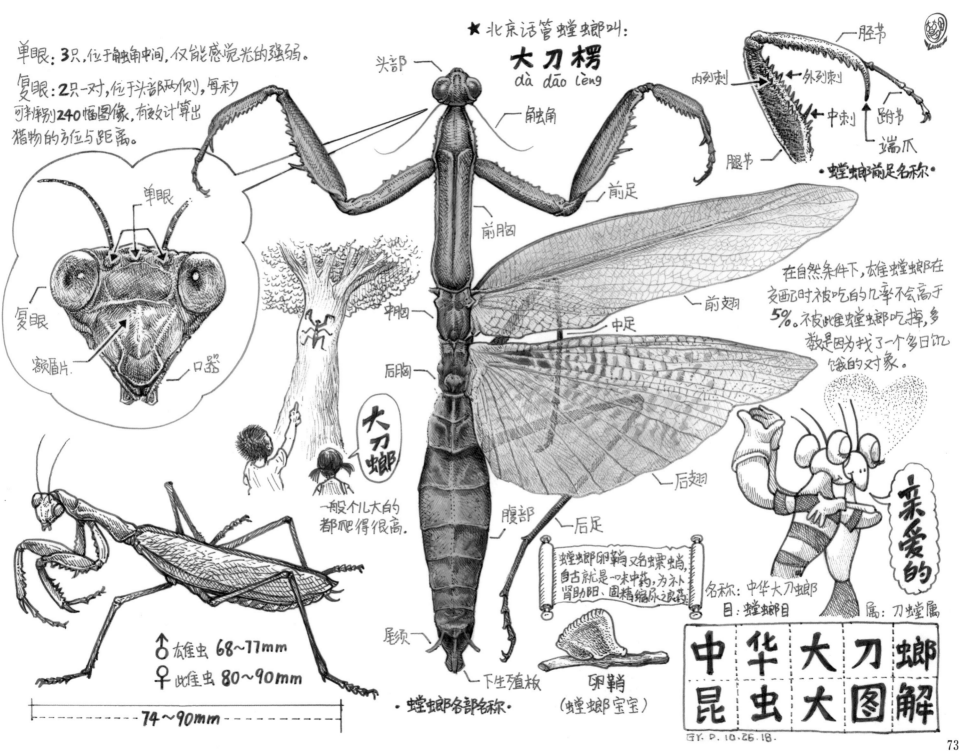

单眼：3只，位于触角中间，仅能感觉光的强弱。

复眼：2只一对，位于头部两侧，每秒可判别240幅图像，有效计算出猎物的方位与距离。

单眼
复眼
额唇片
口器

★北京话管螳螂叫：

大刀楞
dà dāo lèng

头部
触角
前足
前胸
中胸
后胸
腹部
后足
尾须
下生殖板

胫节
内列刺
外列刺
中刺
跗节
端爪
腿节

·螳螂前足名称·

前翅
中足
后翅

在自然条件下，雄性螳螂在交配时被吃的几率不会高于5%。被雌性螳螂吃掉，多数是因为找了一个多日饥饿的对象。

大刀螂

一般个儿大的都爬得很高。

亲爱的

♂雄虫 68~77mm
♀雌虫 80~90mm

74~90mm

螳螂卵鞘又名螵蛸，自古就是一味中药，为补肾助阳、固精缩尿之良药。

卵鞘
（螳螂宝宝）

名称：中华大刀螳郎
目：螳螂目　　属：刀螳属

·螳螂各部名称·

中	华	大	刀	螳
昆	虫	大	图	解

GY. D. 10.26.18.

后海的柳树在80年代的时候，还留存着许多上了年纪的老树，粗得至少四五个孩子才围得过来，夏天树枝柳条最丰茂的时候，枝垂入水，那才是真正的垂杨柳。听我妈说，她第一次去我奶奶家，看见路边的大柳树上还坐着好几个孩子，给她吓了一跳。对于儿时的我来说，过了马路来到树下，拾起一根枝条，抬眼审视着斑驳陆离的树皮下，遍寻着神秘虫洞的所在。

这个虫洞有5～6厘米长，1.5～2厘米宽，周围会有些许脱皮，在洞口有时会有深褐色的木屑。如果木屑还很湿润，插入枝条一通乱捅后，慢慢取出的时候，可能就会有意外的收获，一只通体黑褐色、长有一对锯木的长牙、带着毛刺强壮有力的六条腿、咬着枝条的愤怒怪物正向你爬来！

这就是我儿时的最爱，大害虫天牛，学名桑天牛。比一般槐树上常见的黑白花背甲的星天牛，个头和力气都大了许多，也好玩许多，长长的触角舞动起来还有点京剧花脸的气势。由于桑天牛的踪迹比较难寻，除了直捣老巢，一般它都趴在很高的树干上，高高在上地炫耀着自己柳树杀手的头衔。

"我们是害虫，我们是害虫，正义的来福灵，正义的来福灵，一定要把害虫杀死，杀死。"

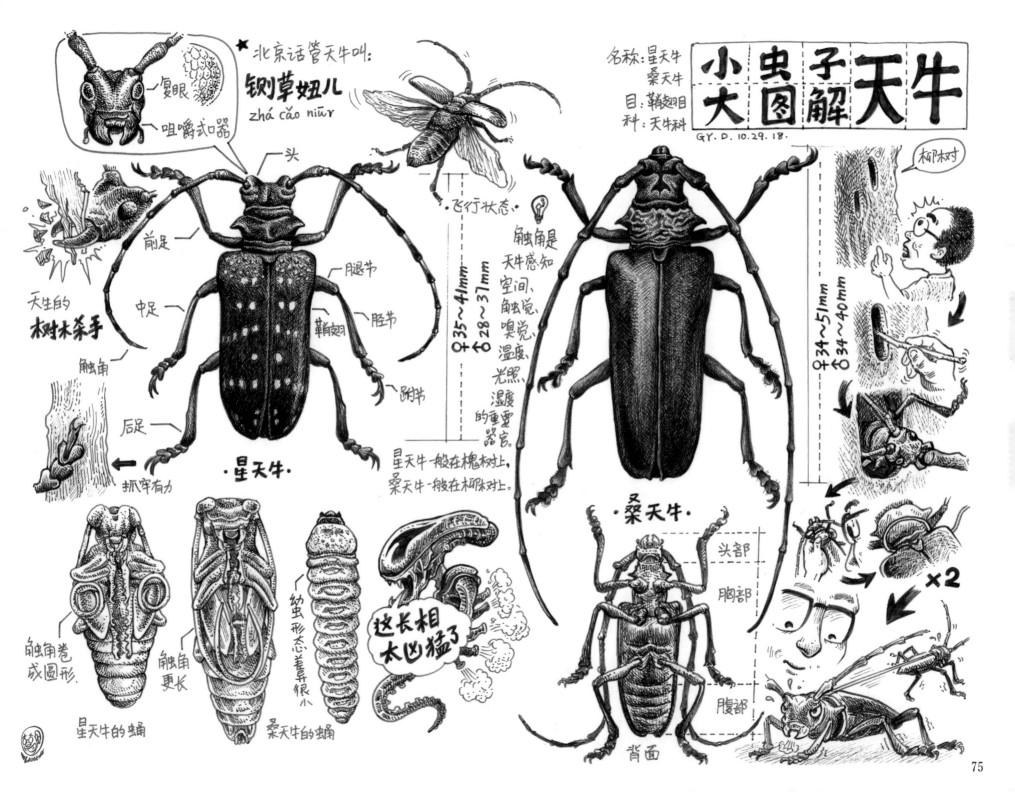

"八月里秋风一刮人人都嚷凉，咋地了一场白露严霜儿一场。小严霜单打独根儿草，挂搭扁儿甩籽就在荞麦梗儿上。"这是出自梅花大鼓《王二姐思夫》的一个选段，这么一个传统的曲艺唱腔，里面居然记载了科学的昆虫习性，不得不佩服老艺人的艺术创作：生活的底子有多厚！挂搭扁儿是一种尖脸蝗虫的北京俗称，其学名叫中华剑角蝗。名如其形，尖尖的三角脑袋，细长的身体，加上一对修长的大腿，也算是蝗虫家族里的颜值代表了。正因其特有的外观，比起其他的蚂蚱，更受孩子的喜欢，但剑角蝗本身弹跳力低和警惕性弱的缺点，也是其易被抓捕的重要原因。

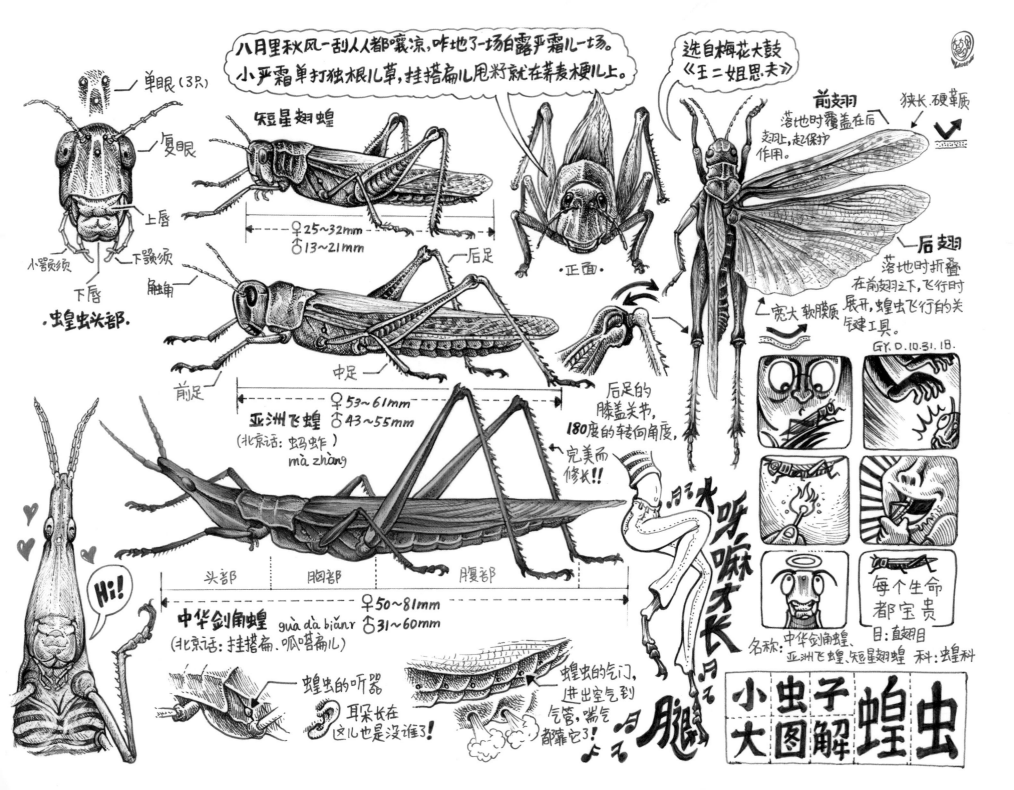

八月里秋风一刮人人都嚷凉,咋地了一场白露严霜儿一场。
小严霜单打独根儿草,挂搭扁儿甩籽就在荞麦梗儿上。

选自梅花大鼓《王二姐思夫》

单眼(3只)

复眼

上唇

小颚须

下颚须

下唇

·蝗虫头部·

触角

蝗虫头部.

短星翅蝗

♀25～32mm
♂13～21mm

后足

中足

前足

亚洲飞蝗
(北京话:蚂蚱)
mà zhàng

♀53～61mm
♂43～55mm

·正面·

前翅羽
落地时覆盖在后翅上,起保护作用。

狭长,硬鞭质

后翅
落地时折叠在前翅之下,飞行时展开,蝗虫飞行的关键工具。

宽大,软膜质

后足的膝盖关节,180度的转向角度,完美而修长!!

GY. D. 10.31. 18.

头部   胸部   腹部

♀50～81mm
♂31～60mm

中华剑角蝗 guà dà biǎnr
(北京话:挂搭扁.呱嗒扁儿)

Hi!

蝗虫的听器
耳朵长在这儿也是没谁了!

蝗虫的气门,进出空气到气管,喘气都靠它了!

听嘛才长腿

大长腿

每个生命都宝贵

名称:中华剑角蝗、亚洲飞蝗、短星翅蝗   科:蝗科
目:直翅目

小虫子大图解蝗虫

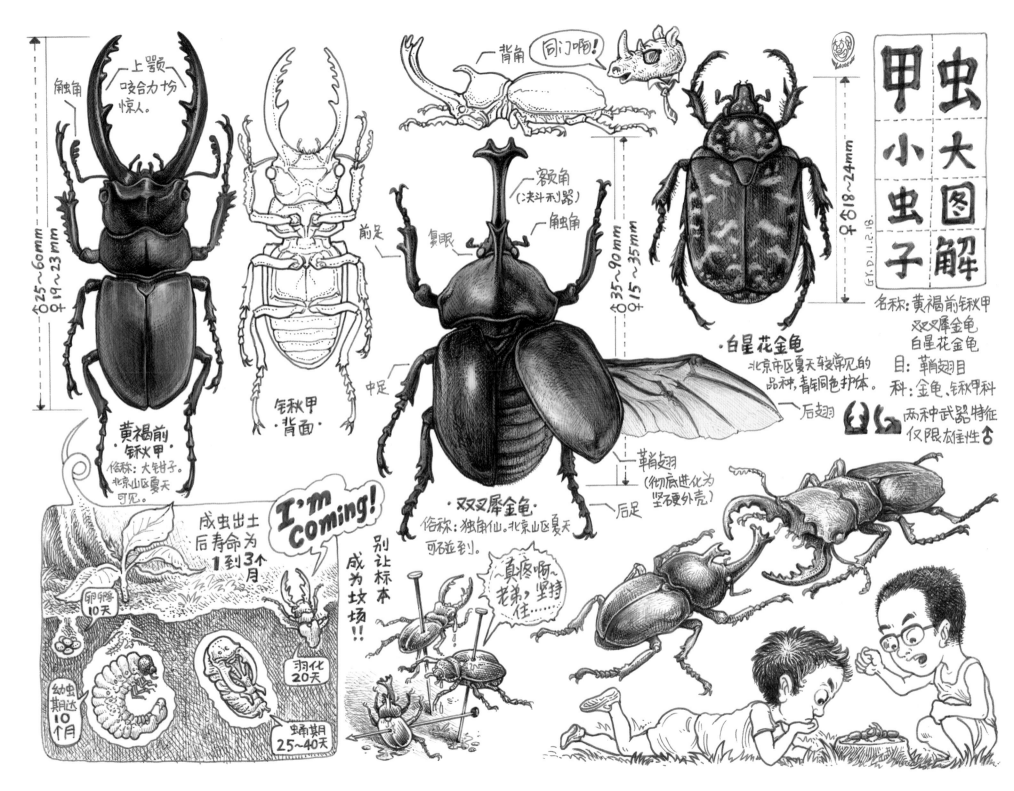

记得以前在杂志社工作时出去采访，出差到四川青城山下，被山里独有的生物地貌所吸引，垂手而得的大型竹节虫，让我这个北方人兴奋得说不出话来，以至于遭到了南方女记者鄙视的微笑。本来南方的气候温暖、湿度大的特点，就十分适合昆虫生存，北京相对而言干燥寒冷，也只有短暂的夏天才能看到这些小生灵的身影。可正因短暂才更加可贵，留存得才更加清晰，对昆虫的热爱就像一块干净的抹布，不断地擦拭着脑海里这块属于它们的记忆，愿这份热爱的光亮，也能给闺女照得持久那么一丢丢。

其实北京的人情世故溜儿，也只是祖国众多风土中的一个分支，虽因隔山隔水而肌理不同，但中国人普世包容的豁达，基本都是一准儿暖暖的故乡之情。北京的大型四合院，以前不少都是一个单位的家属院，也叫大杂院。既是街坊又是同事，平时柴米油盐的没少打交道，要是到了过年，或者东家媳妇儿生儿子、西家闺女考上大学之类的大喜事，一个院子的聚餐那是少不了的。于是院内各路神仙各显其能：李奶奶焦熘鱼、刘姥姥回锅肉、杨大爷酱鸭子、马二叔烧羊肉、南三姨荷叶鸡……圆桌、方桌、八仙桌，板凳、圆凳、太师椅，大家齐聚一堂，东西南北的菜配上五湖四海的人，本就是一幅胡同里的现实浮世绘。

80年代北京卖西瓜的个体户可不如现在水果店的老板们舒坦，办了营业执照后，在胡同大街上的指定空地，不妨碍交通不阻挡人行的前提下，用矮栏杆围一个方形，再堆满了西瓜，就可以吆喝售卖了。浮瓜沉李，谁见了不喜？本着童叟无欺的良心做买卖，西瓜摊的销量还是很可观的。到了晚上一天的生意结束了，给剩下的瓜归归堆儿，再罩上一块苫布，就能下班家走了？当然不是，西瓜是小本的时令买卖，几天之内就卖完才好。卖瓜师傅也是自觉地在摊位边上放倒钢丝床盖上毛巾被，与西瓜共枕同眠，这份职业操守想想也是没谁了。

除了圈地卖瓜的本地师傅，还有一种蹬三轮卖瓜的外地师傅，沿街叫卖吆喝，售价也更便宜些，机动性更强，方便了许多胡同深处不愿走远道儿的大爷大妈。不管圈地还是三轮，虽互为卖瓜的竞争对手，但都是为了丰富百姓的果盘子，也算是一种市场经济最早的价值体现吧。

同一片天空，同一个小院，不同的屋檐下相处，西屋的葛大爷能为东屋的小阳子保守秘密。尽管只是一次发小间的电玩聚会，却使其免遭了一顿皮肉的洗礼。这不单是相差五十岁的长幼呵护，而是同拧一个自来水龙头喷涌而出的街坊情谊，远亲不如近邻在平房小院里的含义还是一如既往地温暖。

任天堂 (FC: Family Computer) 的机型作为最成功的家用电视游戏机,自1983年诞生,树立了现代电子游戏的行业标准,堪称业界的传奇!自20世纪80年代末进入中国市场,但原装机的价格高昂,基本无人买得起……

·任天堂·
红白机就是任天堂,名称源自于机身的颜色设计(红色.白色)。第一次见是在1988年,一个神秘的同学家里,玩的是"魂斗罗",整个下午都很梦幻,根本不是在玩,而是在"头脑风暴"!之后过了好几年,才终于有了一台组装的"小天才",但大人并不让玩,于是就约定谁家大人不在,拿机器去谁家。这也许就是最早的共享精神吧!当然,有准确。时大人的行踪并不

红白机趣闻 游戏大图解

GY.D.12.22.18.

★ 论紧急情况扒卡手法熟练的重要性。

原装游戏卡 贵!基本沉没。 组装游戏卡 各种超强合一,欢乐无比。

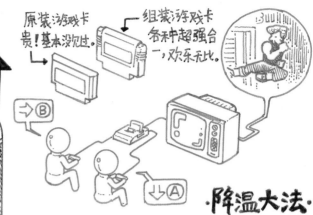

·降温大法·

18:15

19:00 COOL!

1988年的夏天，我和几个小伙伴去一位好久不见的同学家做客。那天很热，我们几个跑了一身汗，终于到了他家的院外，喊着他大名就进了院儿。他家跟我奶奶家一样，也是个三间房的独立小院，被他妈妈迎进屋后，也不见他应声，正要生气的时候，我们都被里屋传出的声音吸引住了。循着这如迪斯科的音轨，我们掀开帘子冲了进去，之后的所见颠覆了我们所有的认知，瞳孔和鼻孔一同放大，一个个如祖先发现火种般呆在原地，凝结了数十秒后，一句"你们可来了，等你们半天啦！"打破了空气壁。随后我们几乎扑了上去，差点撕碎这位微笑的小主人，但看见他手里的神器，我们又再次胆怯了，如同猛兽在夜晚撞见了火光。

　　为什么他手里的小盒连着前面的大盒，大盒又连着电视，电视里跳动的小人又好像与这个小盒有关，这一切的一切都是什么？太阳真的存在吗？小鸟真的歌唱吗？生活真的美好吗？随后的整个下午，我们都如梦幻般地存在，玩了什么？忘了！神秘同学叫什么？也忘了！只是这个夏日的午后，头脑被打开，进入了另一个无限的次元，我们都管这里叫：任天堂。

　　"这是游戏机！接电视玩的。""……嗯……"

　　"插上这个卡，就能玩了。""……哦……"

　　"这叫魂斗罗，打枪的，特好玩！""……唉……"

　　"按这个往前跑，按这个开枪，按这个能跳。""……"

课间休息对于二、三年级的小同学来说，实在太重要了，伸开手脚放飞一下自我，疏解一下集中注意力时紧绷的大脑，顺便联络一下同学的感情，可要是放飞得太高了，摔下来可就是个不愉快的开始了。

"您看看，这是他这个学期的数学成绩！"
"……孙老师，对不起！我这就去修……完事我说他。"
"借了盘儿新卡！倍儿棒！都去我家，来啊阳子。"
"我……我……我爸……来了！"

优秀的品质包括：勇敢、无畏、冷静、睿智、果断。如果具备了这些后再加上强壮的臂膀、出色的弹跳、厉害的功夫，那么你就成了一名大写的行走的"正义"，如果这份"正义"又double*了一下，并配置了非常contra**的方案，最后恭喜！您可以植入软体，进入晶片，套上黄色的外壳，复制出无数个自己，转瞬成为众多男孩青春永久的记忆。

* 双，翻倍。
** 魂斗罗，相反。

"恶作剧"，其第一个字就定性了整个事件的基调。没有来龙去脉，也没有前因后果，就是单纯地演绎一场玩笑闹剧，所有的配角和道具都作用于一位毫不知情的主人公。戏剧的效果在不可预知的情况下，往往会取决于主人公一刹那的爆发张力，落幕的时间也要看其后续表现的持久与否。最终的口碑完全取决于配角，是否达到其心里的预期，能否转瞬成为毒舌的剧评人，继续扩散并标榜自己……实在是编不下去了，要我说就仨字儿：瞎胡闹！

自从有了闺女暖暖以后，我发生了太多的改变，如果生理与心理是反应堆，她就是产生聚变的一切条件。"小棉袄"根本不足以形容她的特质，我更喜欢把她当成"原子"，一个驱动点燃我积极向前的正能量。年少轻狂时总有大哥大姐教导：等你结了婚，就……等你生了娃，就……起初的这份唠叨终于有了真实的体会，忙碌幸福的同时，也开始给周遭年少的青春们唠叨，真是抱歉啊。这可能就是一个闭环，人生循环往复的闭环，我自愿进入了这个不能返航的闭环。除了认真画画外，还有个长久的目标：尽量不成为闺女烦恼讨厌的对象，现在抑或将来，我都继续努力且好自为之。

由于父母是双职工，姐姐在姥姥家，爷爷奶奶还没退休，幼儿园时期的我从来都是最后一个离开。不过也挺有趣，听看门的爷爷讲西游，顺便蹭点绿豆糕，还能独享一下大转椅和滑梯，很快时间会扫除一切的焦躁与不安。兴奋之余，大门外熟悉的车铃声响起，意味着我该回家了。

80年代个人出行的主要交通工具，就是自行车，上班下班买菜接孩子，一车可谓多能。其中单就接送孩子这一项，家长们就很能体现中国人民的智慧与创意。开始我们的屁股与自行车横梁的关系是十分的紧密，但短途尚可，要是家长顺便买个菜再去趟副食店，这个滋味可谓非常的酸爽。于是小主意变成了"小竹椅"被装在了横梁上，当我们再次出发，感受到坐得舒适与靠得安全后，竟然产生了驾驶克塞号的幻觉。

儿时坐在前方的我，切身感觉到四季对父亲的洗礼：春晨的喷嚏，夏午的汗味，秋后的咳嗽，以及冬夜的哈气。体会被套在雨衣里，漆黑一片地听着外面的噼里啪啦。雪天蜷缩在棉服里，感受背后前倾包围着你的体温。长大后才明白这份"坐二等"的感受，对谁而言都是限量版的幸福，久违但永不复返。

日子，一如既往地过着，但有些东西还是留了下来，变为一种传承。

坐好喽闺女，我们去~后~海！

爸爸，今天我们去哪儿啊？

这画画久坐超过 8 小时，浑身上下就脑仁儿串着腰子疼，有个声音高喊道："熬鹰呢！不要命啦！"是啊，身体出问题得调理，物件坏了就得维修，自古万物都有各自的大限。医生治病延人命，师傅修理是延物命，都需高尚的情操兼备精良的技艺才能开展，所以百业职人均为良匠，智慧都是十足的，能碰到一名负责的也算是种福气了。

"唉，我这个点儿背，刚出门就……"

"尤师傅，您受累瞅瞅，钻辘没气了，我怀疑慢撒气儿。"

"好！您停那儿我看看……外胎扎个小钉，不深，没把内胎扎破，但磨得够呛。"

"好嘛我说呢，得嘞尤师傅，您慢慢弄，躺椅借我歇会儿正好。"

"小刚子，过来搭把手！把这……嗨！您这一早，班没上，还挺累，着了。"

每个时代都有特定的伟大，每种伟大都会造就特定的人物，每位人物都会产生特定的影响，同样每种影响背后都是无数个我们。七八岁的时候学校组织看电影《红岩》，小萝卜头的影响似乎比江姐更加触动我的心，角色的代入感更能接近同龄人的精神世界。后来有天上午升旗后，校长面色凝重地宣布了一个对于七零后、八零后来说印象深刻的人名：赖宁。赖宁救火的事迹，影响我至今的烙印就是"奋不顾身"的概念。虽然当下的环境里，各种保护下，我们的孩子不需要承载过多，但原来属于我儿时的伟大，其实也正潜移默化地进行着传承，精神不是符号，精神会永存。

砰！随着一声巨响，冒起了一阵白烟，空气中立刻充满了一种刺鼻的焦香，孩子们随即冲了上去。这并不是什么危险的时代刻画，只是在描述一个久违的、几近消失的手艺，大炮爆米花。为何要加个前缀"大炮"呢？纯粹是因为这种制作爆米花的工具及其产生的声波，实在与漆黑的冷兵器火炮太过相像了。爆米花在什么时代都备受孩子的喜爱，只不过三四十年前，这个专有名词的后缀还与电影没有任何瓜葛。

从前在奶奶家的门口，一年里面会碰到几回拉大炮的米花大叔，总是副黑眉乌嘴儿的模样，每当他爆出一桶新的米花后，就会露出满口的白牙，笑着招呼围上来的孩子们。这种生意并非单纯的售卖，大多数是闻声前来的客户自己预备原料定制化生产。原料以玉米粒、大米为主，偶尔有小米，口感上追求玉米的原味，顶多加点糖。米花大叔一边手摇风箱一边手摇大炮，动作协调且平衡二者的姿势，总会产生一种技艺的美感，而后随着一声"开炮喽！"的温馨提示，周边的四五个孩子全都齐刷刷捂住了耳朵，眼睛却还眯着欣赏最后的表演。当白色的米花从大叔脚下的黑色口袋里飞溅而出时，一个个红耳朵的孩子再次开心地跑了过去，如同一群地上啄食的麻雀。米花大叔又露出白牙笑呵呵的："地上的脏。给，盆里的热乎！"

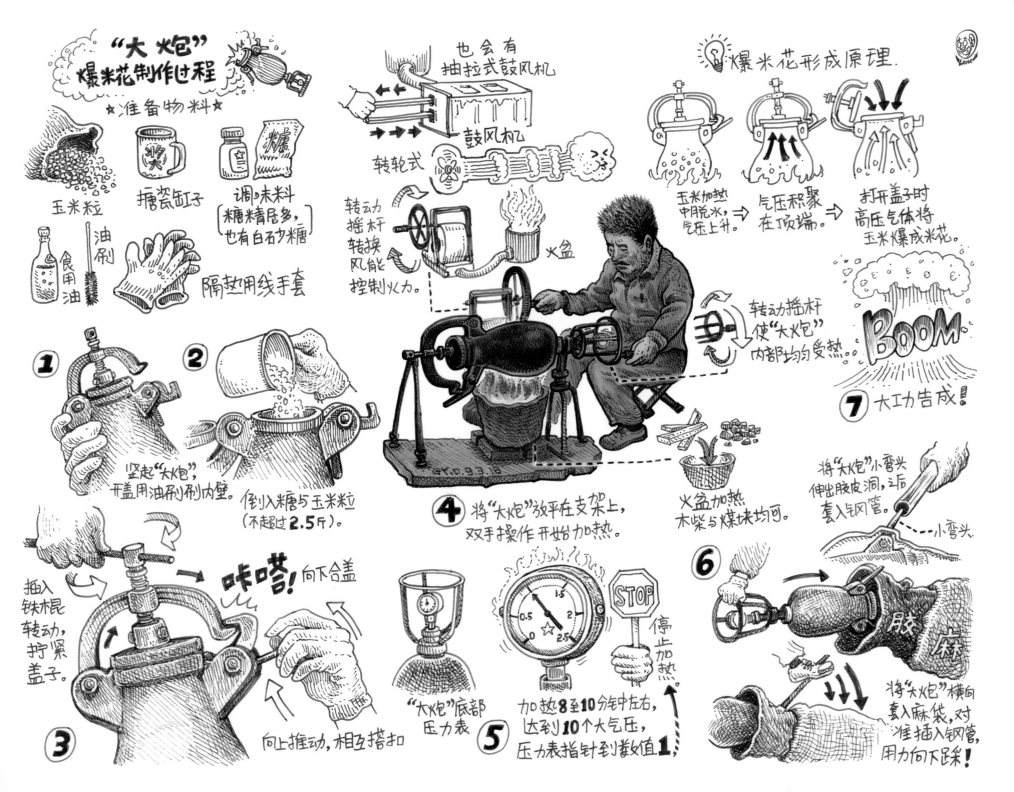

携带明火、制造爆炸、高分贝噪声、食品卫生，这四大不安全因素似乎是中国传统手艺"大炮爆米花"消失在城镇街头的充分理由。但其缓慢原始的手工味道，不恰恰可以让这个走得太快的时代稍微慢一点吗？对手工技艺的承载者们加上我们的敬畏，让其退出历史舞台的步伐稍微慢一点。让孩子口中渐渐消失的香甜酥脆的余味，持续得久一点。

"新三年，旧三年，缝缝补补又三年。"这句生活谚语除了缝补衣服的字面意思，其实也是过去人们对生活用品倍加爱惜的写照。一般位置破了，可以缝补，要是膝盖、胳膊肘磨破了，加块补丁还能再穿。孩子肯定是一百个不乐意，但看到多彩漂亮的花样补丁——大苹果小鸭子还有一朵向日葵后，肯定也是欣欣然地接受了，致敬妈妈们伟大的生活智慧。

　　衣服如此，但是家里的锅碗瓢盆、剪子菜刀要是出了问题，肯定在家是解决不了的。这就直接衍生了一个巨大的工匠群体，老话叫手艺人。锔盆、锔碗、补漏锅，剃头、修鞋、打竹帘，磨剪子、抢菜刀、修搓板……基本涵盖了百姓生活的方方面面，没有最全只有更全，修您所想，造您所期，护您所念。

　　老百姓家里的物件坏了，经工匠师傅的巧手一变，又是一件耐用的好货。您节约了家用，师傅挣了生计，形成了一个生活链，这本身就是一幅百姓生活的风情图。时代变迁，物质生活前所未有地丰富，谁也不会为一口破锅一把锈刀而为难了自己。同样地，手艺行的学艺出师，巡街营生，在当今"中国制造2025"的大环境下如何传承并生存下去，也是一趟任重道远的路途。

♪ "呱哒"!!

木柄

铁片

（正）（背）

一个木头把，用粗绳把6片铁片串连起来，前后节奏的晃动，发出"呱哒"的响声，这个就是"磨剪子戗菜刀"行内的专属物件，名叫"惊姑"。但闻其声，胡同里的大妈二婶小媳妇便知磨刀师傅来了，随即擦着各自虬不同的菜刀、剪子到了跟前，师傅的生意便开张了。

·惊姑·
这6片是经过锻造打制而成的铁，内部结构的不同，使其发出的声音听起来并不刺耳，脆亮悠长！

钝的刀口

生锈钝口的老菜刀

"师傅，这把能磨吗？"

随后……突然！神器现身！

师傅笑了笑，伸向·

镶有一把优质钢刀！！

一般碰到生锈或刀口太钝的菜刀，都要用抢刀来刨制去锈！

·抢刀·

铁杆

木制把手

30°~45°

先用铁片和木板来夹紧刀头。

之后把菜刀顶在板凳前端凸起的木桩上。

再用绳索套在菜刀根部的木把上，倾斜30~45度，下方垫有木块。将绳向下拉，用力踩住绳套，完全固定住。

·细石·
水磨石材质，用来细磨刀口开刃，使其锋利！

·粗石·
含石砂的粗石，细磨前的准备工作。

·水桶·
磨铁刃在细石上，要常刷水浸透表面，使刀口与石材表面磨合更顺滑。

刀具在反复的磨擦过程中会发热、起火花，加水也有降温作用。（冬天水里要加盐防结冰）

抢刀如同1把铁刨子，将刀上的铁锈铲净，而后把刀刃的两边刮薄，使其薄厚均匀，最后上细石精磨至刀口锋利为止。

相传磨刀匠的祖师爷是位"马上皇帝"，匠人的板凳又称"穿朝玉马"。

磨剪子 抢菜刀
老手艺 大图解

GY·D
19·3·

听老人讲磨剪子抢菜刀这一行，有个很棒的祖师爷，人称"马上皇帝"。相传这位皇帝自小家境贫寒，为了生计，他扛着家中仅有的一条长板凳，带着剩下的一块磨刀石走街串巷，替人磨刀谋生。可他并不甘于此，后来如同陈胜吴广一样，他推翻了昏庸的旧王朝，自己成了百姓的皇帝。当了皇帝后，他还是喜欢骑着长板凳给人磨刀，臣子便称此板凳为"穿朝玉马"，百姓也称其为"马上皇帝"。据说正宗的磨刀老把式，板凳上都钉着一个"几"字，用来顶住磨刀石，脚下固定的铁弓子，叫"马鞍"。天下的磨刀匠就这么一代代继承着祖师爷的工具，尊崇着祖师爷的规矩。

　　不管杜撰还是戏说，当您有幸再次听到"惊姑"的呱嗒声，一定听完师傅的吆喝再询价磨刀，毕竟接下来给您磨剪抢刀的都是"马上皇帝"的后人哟！

从黑白的质感到彩色的绚丽，电视如同一台"魔盒"，抓住了你的眼球，消费着你的时间，住进了你的大脑。当然，也可以换一种说法：拓展了您的视野，丰富了您的认知，启迪了您的智慧。尽管如此，作为当初每个家庭标配的"第一大件"，父母节衣缩食的努力，换来了童年欢乐的时光，让"魔盒"里的英雄陪伴了我们成长。

打油小段："抱起闺女你听我说，中外经典它要记牢：孙悟空来蓝精灵，花仙子嘿阿童木，希瑞希曼加佐罗，神探亨特乐济公，黑猫警长克塞号，米克罗比大黄蜂，实在太多它道不尽，只能陪你再全看完，全看完！"——老葛

还记得你家的第一台电视吗？那个全家围坐的夜晚，小板凳上的焦急渴求，贯入耳道的音轨分贝，眼眸映出的红光绿影，如今是否还依旧闪亮？

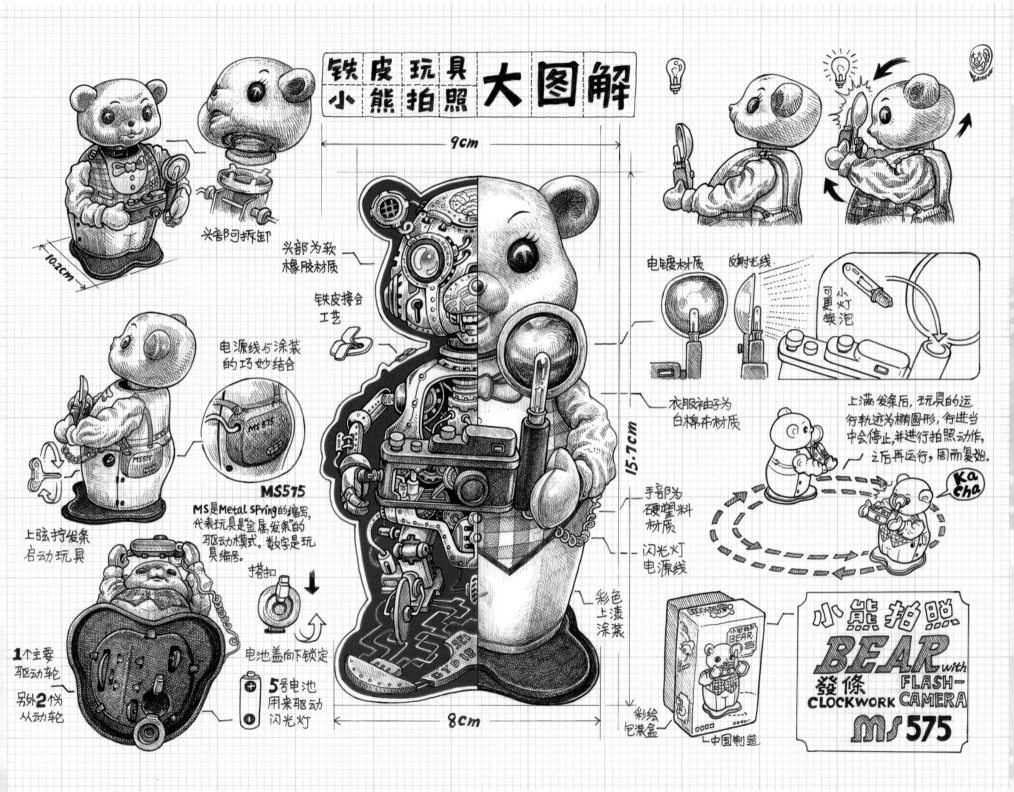

铁皮玩具 小熊拍照 大图解

头部可拆卸

头部为软橡胶材质

铁皮接合工艺

电源线与涂装的巧妙结合

MS575

MS是Metal spring的缩写，代表玩具是"金属发条"的驱动模式。数字是玩具编号。

上弦拧发条启动玩具

搭扣

电池盖向下锁定

1个主要驱动轮

另外2个为从动轮

5号电池用来驱动闪光灯

9cm

15.7cm

8cm

电镀材质

反射光线

可更换小灯泡

衣服袖子为白棉布材质

手部为硬塑料材质

闪光灯电源线

彩色上漆涂装

上满发条后，玩具的运行轨迹为椭圆形，行进当中会停止，并进行拍照动作，之后再运行，周而复始。

Ka cha

彩绘包装盒

中国制造

小熊拍照 BEAR with 發條 CLOCKWORK FLASH-CAMERA MS575

小熊拍照 BEAR

铁皮玩具—小熊拍照—电动发条—MS575

给闺女收拾房间的时候，看到满床满地的玩具，除了羡慕如今的孩子，还在感叹这些玩具不说品种不论样式，基本全是外国IP的形象，就算在路边买的小娃娃，也是一水儿的金发碧眼。中国本土的特色元素，在当下的玩具市场上太过少见，即使国内影响力大的原创IP，也都没有很成熟的玩具产品体系，实在有点困惑。

远的不说，就说小时候的玩具"小熊拍照"。这是款铁皮玩具，一种非常体现国家轻工业水平的玩具类型，我们国家生产铁皮玩具的历史，最早可追溯到1935年，大规模的生产始于20世纪50年代。当时设计研发的产品极具中国特色，而且这些小铁皮在国外也是深受欢迎，据资料显示：60年代的上海玩具二厂，年生产总值就曾超过一千万元，其中出口占了30%，绝对是名副其实的"出口创外汇"大户！当时上海、北京玩具厂的能工巧匠们，用智慧与双手创造了一批具有祖国特色的铁皮经典：小熊拍照、母鸡生蛋、跳鹿、宇宙电视车、东方红拖拉机、万吨水压机、冒烟火车头、红色邮递员、报喜车、狮子戏球等等太多设计绝妙，外观漂亮的CHINA TIN TOY*。

中国铁皮玩具经历了50年代的伟大开创，60年代的崛起辉煌，70年代的稳中求变，80年代的鲜花着锦，终于在90年代进入了垂暮之年。国外资本与生产线的引进，以及像超级IP变形金刚等海外异军的突起，都是对铁皮玩具致命的打击，使其逐渐式微直到消失。

如果说铁皮玩具是诞生在计划经济下的给孩子们的礼物，那么如今的市场经济下，又会诞生出什么中国特色的礼物给孩子们呢？让我们拭目以待吧。

"妈快看！小熊拍照！小熊拍照上电视了！"

"作业写完了吗？又看电视！"

"什么片子啊姐？……沙鸥？"

（图中的剖面部分，实属用伪科学的图解来阐释我的热爱。仅此拙作，致敬前辈，娱乐自己，请勿当真。）

---

* 铁皮玩具。

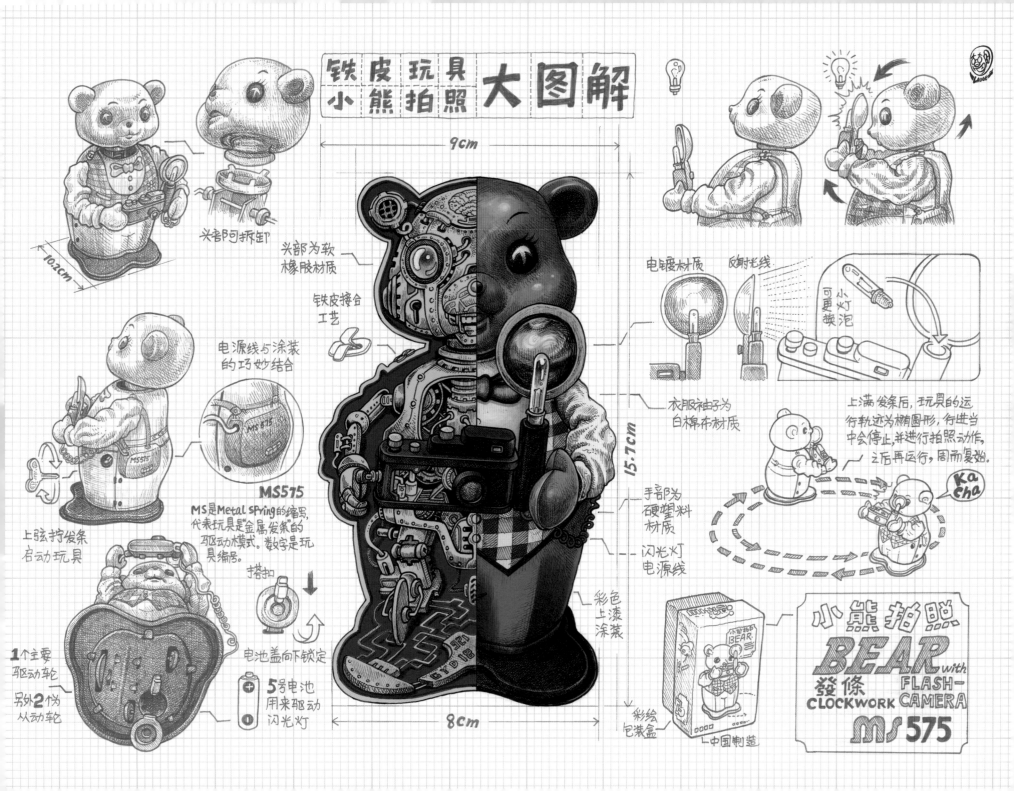

铁皮玩具 小熊拍照 大图解

头部可拆卸

头部为软橡胶材质

铁皮接合工艺

电源线与涂装的巧妙结合

MS575

MS是Metal Spring的缩写，代表玩具是"金属发条"的驱动模式。数字是玩具编号。

上弦拧发条启动玩具

搭扣

电池盖向下锁定

5号电池用来驱动闪光灯

1个主要驱动轮

另外2个为从动轮

9cm

10.2cm

15.7cm

8cm

电镀材质

反射光线

可更换小灯泡

衣服袖子为白棉布材质

上满发条后，玩具的运行轨迹为椭圆形，行进当中会停止，并进行拍照动作，之后再运行，周而复始。

Ka cha

手部为硬塑料材质

闪光灯电源线

彩色上漆涂装

彩绘包装盒

中国制造

小熊拍照
BEAR with
發條 FLASH-
CLOCKWORK CAMERA
MS575

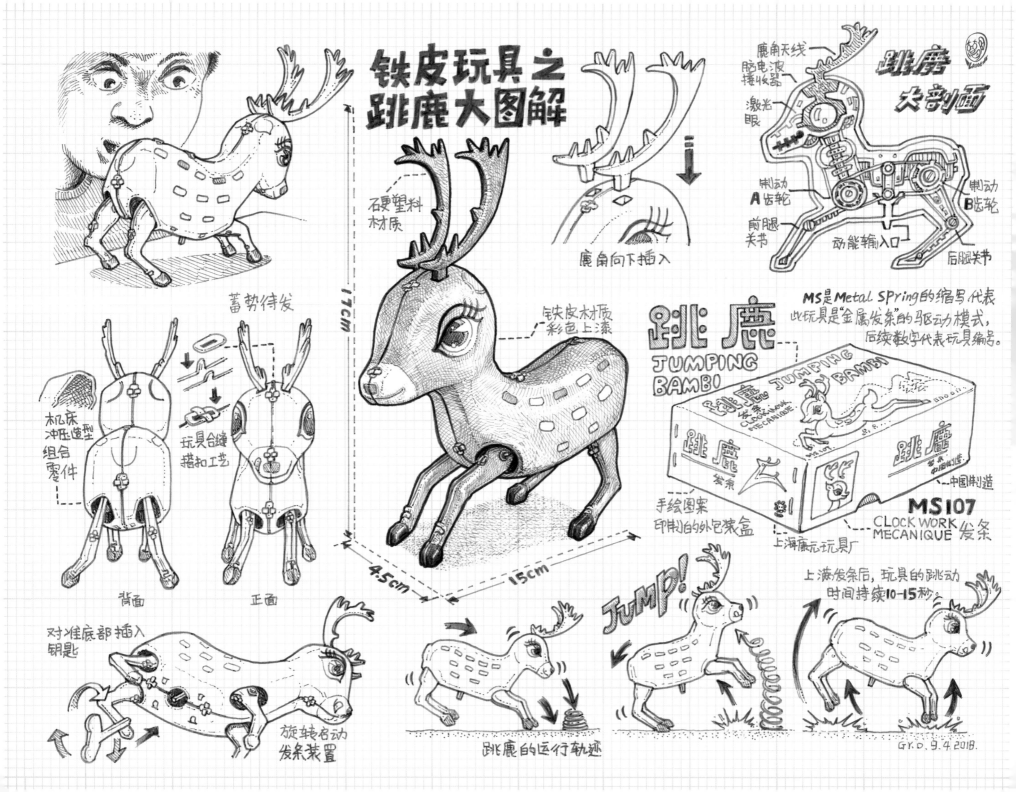

铁皮玩具之 跳鹿大图解

跳鹿 大剖面

- 鹿角天线
- 脑电波接收器
- 激光眼
- 制动A齿轮
- 前腿关节
- 动能输入口
- 制动B齿轮
- 后腿关节

鹿角向下插入

硬塑料材质

铁皮材质 彩色上漆

蓄势待发

17cm

4.5cm
15cm

机床冲压造型 组合零件

玩具合缝 搭扣工艺

背面

正面

跳鹿 JUMPING BAMBI

MS是Metal Spring的缩写代表 此玩具是"金属发条"的驱动模式, 后续数字代表玩具编号。

手绘图案 印制的外包装盒

上海康元玩具厂

MS107 CLOCK WORK MECANIQUE 发条

对准底部插入 钥匙

旋转启动 发条装置

跳鹿的运行轨迹

JUMP!

上满发条后, 玩具的跳动 时间持续10-15秒。

G.K.D. 9.4 2018.

铁皮玩具之
跳鹿大图解

跳鹿
大剖面

蓄势待发

17cm

鹿角天线
脑电波接收器
激光眼
刹车A齿轮
前腿关节
动能输入口
刹车B齿轮
后腿关节

硬塑料材质

鹿角向下插入

铁皮木材质
彩色上漆

跳鹿
JUMPING
BAMBI

MS是Metal Spring的缩写代表
此玩具是"金属发条"的驱动模式,
后续数字代表玩具编号。

机床冲压造型
组合零件

玩具合缝
搭扣工艺

手绘图案
印刷的外包装盒

上海康元玩具厂

MS107
CLOCK WORK
MECANIQUE 发条

背面

正面

15cm

4.5cm

对准底部插入
钥匙

旋转启动
发条装置

JUMP!

跳鹿的运行轨迹

上满发条后,玩具的跳动
时间持续10-15秒。

GY.0.9.4.2018.

铁皮玩具—跳鹿—发条—MS107

铁皮玩具作为玩具家族中的一员，其结实的外壳、鲜艳的图案、多样的造型，还有神奇的驱动，无不彰显出自己特立独行的一面。关于铁皮玩具的运行方式，也就是如何让其动起来，分为三个大类：

1.发条，通过一把小钥匙，像给闹钟上弦一样，插入玩具顺时针转动。随后被拧紧的发条带动内部的制动轮，制动轮再带动转向轮。通过巧妙的齿轮设计，发条产生的动能直接带动玩具运行。随着发条的松弛扩大，玩具的运行也自行结束。

2.电动，就是通过给玩具装上电池，产生电能后，激活内部的微小马达，进而把动能传送至主板。再经过复杂的电机线路结构，驱动各种齿轮转动，并激活产生各种神奇的声光电效果，只要轻轻拨动红色的开关，玩具便会骤然而止。

3.惯性，驱动方式简单，且运行方式较单一。通过手动向后反复摩擦制动轮，多次摩擦后产生惯性蓄能，随即传送到驱动轴承，带动整个玩具行动起来，惯性消失，运行终止。

在产品应用上，发条驱动的品种最多，如跳蛙、跳鹿、小熊拍照；其次是电动，也是铁皮玩具中的贵族，价格带动多彩的声光电，如宇宙电视车、母鸡下蛋、冒烟火车；惯性驱动的品种基本都是交通工具，如7号飞船、红旗轿车、喷气客机。除此以外，还有声控、光控、磁能等驱动方式，但是太过高精尖，品种产量均十分稀少。三种驱动在玩具体内各显其能，目的就是让孩子看到后目不转睛，爱不释手。

"小鹿小鹿你听我说，大大的眼睛，高高的鼻，尖尖的耳朵，圆圆的脸，一对儿鹿角竖起来，蹦蹦跳跳真可爱！"——老葛

（图中的剖面部分，实属用伪科学的图解来阐释我的热爱。仅此拙作，致敬前辈，娱乐自己，请勿当真。）

夏日的午后，暑假作业已突击完成，年少的精力让你焦躁，疲惫的家长为了午睡，睁开带有血丝的双眼，终于把你"释放"。于是，冲出院儿外，来到胡同中间，稍许平静之后，大分贝地喊出他们的名字！声波穿透胡同的院墙，不出一会儿东西南北各个院门齐声打开，伙伴们有的小心翼翼地探出头，有的直冲你而来，有的却面露难色，但每位给你回应的都是一生的好朋友。人头凑齐，拿出各自的最爱，大槐树下，三轮车旁，席地而坐互换玩具，绝对是友爱互助的共享精神。虽然血缘不同，但在熟悉的河边、胡同、屋檐下，彼此心知肚明，自小同生共长的兄弟姐妹，快乐就是这么简单。

　　"呜……呜……哒哒哒！哒哒哒哒哒！"

　　"不带这样的，怎么老你霸占着飞船？给我！"

　　"我才不玩跳鹿呢！切，那是小女孩儿玩的。"

　　"哎哟！谁扔的……！好啊你！虎子妹妹上房啦！"

　　"咧——我的不倒翁！够不着吧，就—不—给—你—玩—咧！"

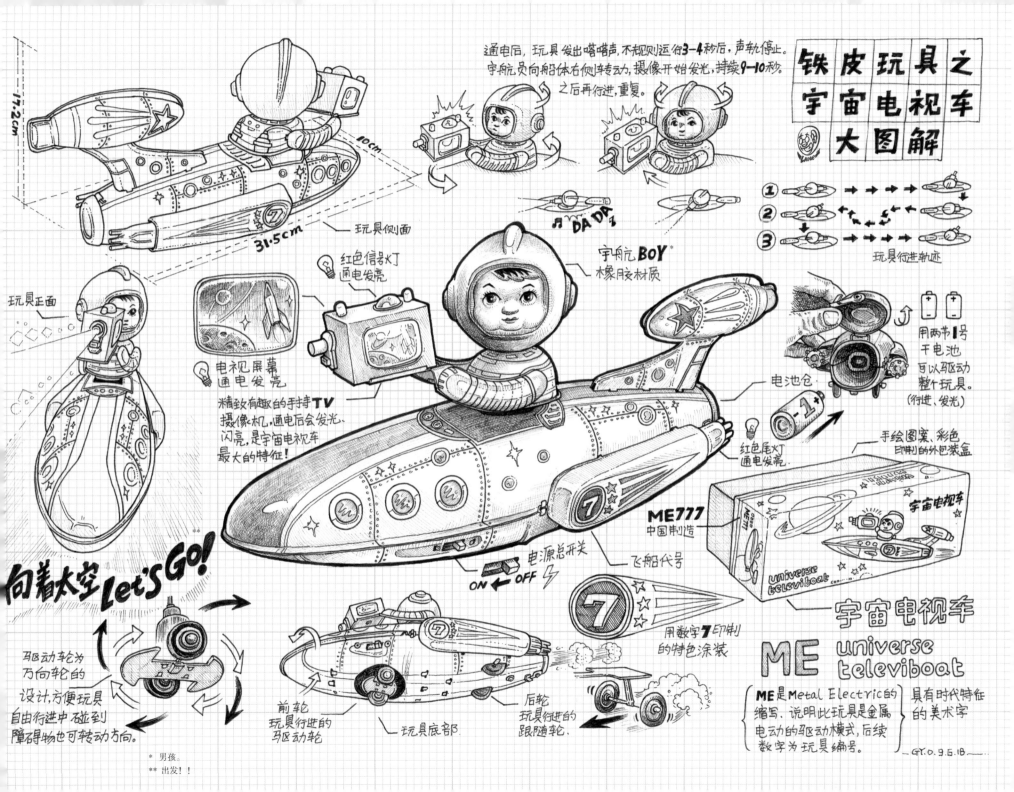

铁皮玩具之宇宙电视车大图解

通电后，玩具发出嗒嗒声，不规则运行3-4秒后，声轨停止。宇航员向船体右侧车转动，摄像开始发光，持续9-10秒。之后再行进，重复。

DA DA

17.2cm
10cm
31.5cm
玩具侧面

玩具正面

红色信号灯通电发亮
电视屏幕通电发亮

精致有趣的手持TV摄像机,通电后会发光、闪亮,是宇宙电视车最大的特征!

宇航元BOY*
橡胶材质

向着太空 Let's GO!

驱动轮为万向轮的设计,方便玩具自由行进中碰到障碍物也可转动方向。

前轮
玩具行进的马驱动轮

玩具底部

后轮
玩具行进的跟随轮

电源总开关
ON ← OFF

电池仓

用两节1号干电池可以驱动整个玩具。
(行进、发光)

红色尾灯通电发亮

-1+

手绘图案、彩色印刷的外包装盒

ME777
中国制造

飞船代号

用数字7印刷的特色涂装

宇宙电视车

ME universe televiboat

ME是Metal Electric的缩写,说明此玩具是金属电动的驱动模式,后续数字为玩具编号。

具有时代特征的美术字

universe televiboat

宇宙电视车

GY. 0.9.6.18

* 男孩。
** 出发!!

铁皮玩具—宇宙电视车—电动—ME777

20世纪五六十年代，苏联和美国两个超级大国相继进入太空时代，同时国际市场上也一下子涌现出众多美国、日本设计制造的宇宙飞船和机器人类的铁皮玩具。这股宇宙风潮也影响到了我国的玩具产业，从60年代开始研发生产太空玩具，到1970年人造卫星"东方红一号"成功发射，充满中国特色设计巧妙的太空科幻题材的铁皮玩具，一直不断地诞生出来，不少成为了中外市场的畅销热门品种。

还在杂志社的时候，一次选题会上的毛遂自荐，使我有了一次难忘的上海之行。采访到了中国铁皮玩具收藏泰斗：陈国泰先生。契机是我听闻陈先生要在上海举办玩具藏品大展，千载难逢的机会，鼓起勇气与动力，关键还有主编的信任。来到玩具藏品的展厅，四面环视之后，手扶下巴双目昏花，满眼都是老玩具的倩影在脑中盘旋。几近晕厥之际，美女同事敲打后，这才得以继续采访，陈先生收藏的信念十分简单，但令人敬佩，中国人该为中国玩具书写属于我们自己的历史。藏品的最大价值就是传播与记录，让更多的人看到玩具背后承载的中国智慧，才是每位成功藏家的目标所在。上海之行还有幸采访到"宇宙电视车"之父，玩具设计师王统一老师。与这位比共和国年长的父辈交谈中，观察到其睿智的眼神、清晰的头脑，关键是对铁皮玩具的无限热情。使我明白王老师所代表的中国铁皮玩具的开创者们，无上崇高的敬业精神和对玩具设计的专注厚爱，如此强大的意念才能造就属于中国玩具的太空时代。

"妈妈妈妈——妈妈！爸爸爸爸——爸爸！快来啊！这个飞船太，太……太棒啦！"

"您好！同志，这个'宇宙电视车'多钱？"

"……什么！快顶我半个月工资了！唉……"

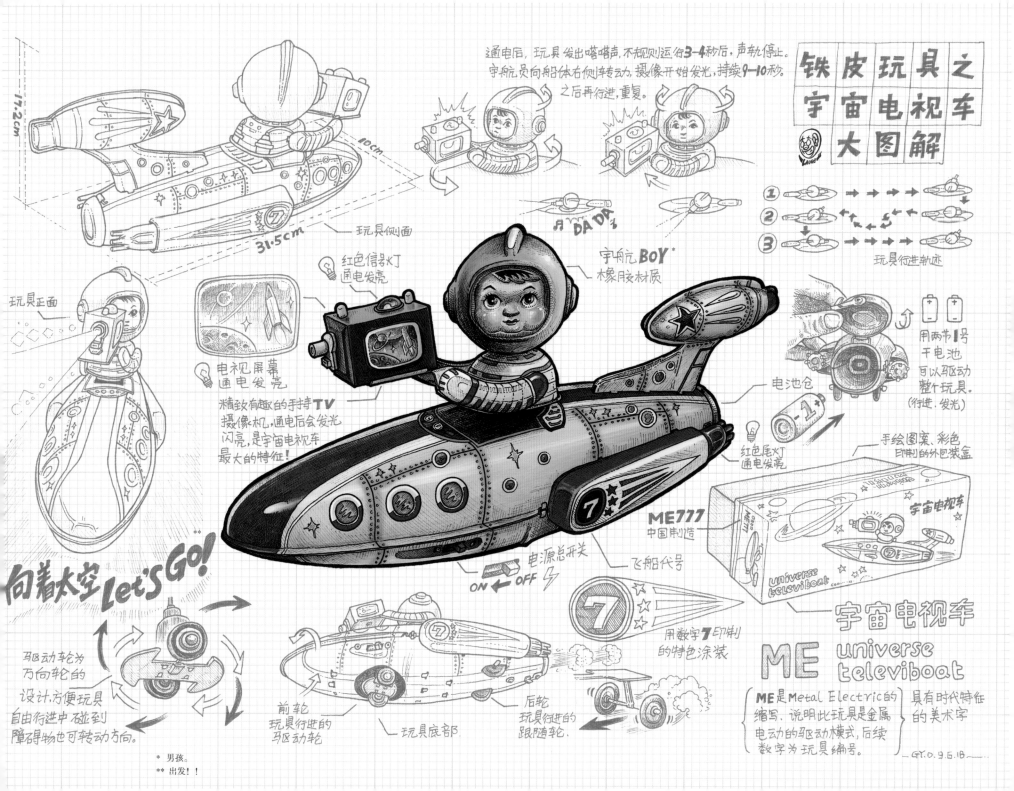

铁皮玩具—宇宙电视车—电动—ME777

剖面图解本是工业设计中的一个组成环节，用来描述和展示产品的内部结构与外部框架的相互关系。玩具产品同属工业设计范畴，对于铁皮玩具来说，其内部结构的组成与驱动方式的解读，在马口铁的外皮下，都显得十足神秘。我试用一种伪科学的图解形式，来展现宇宙电视车的内部结构。仅此拙作，致敬前辈，娱乐自己，请勿当真。

不管哪个时代，每件玩具的背后都承载着制造者的时代智慧，童年的成长幸而有这些伟大玩具的陪伴。向智慧的中国玩具人致敬：感谢您青春的努力，启发了我们无尽的想象。向勤劳的中国家长致敬：感谢您青春的努力，带给我们童年最最纯粹的欢乐。

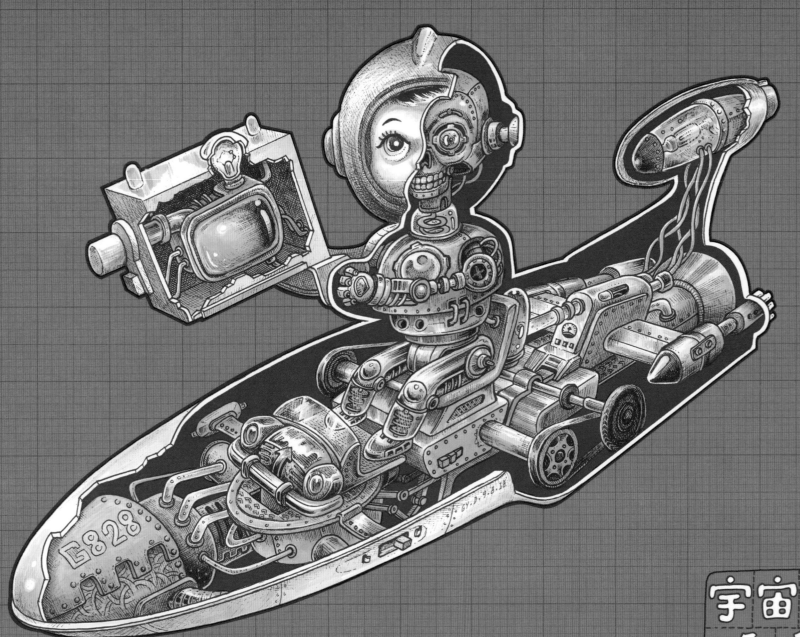

宇宙电视车
大剖面

塑料玩具—不倒翁

不倒翁，也叫琴不倒，这么一款塑料老玩具，在如今的收藏市场上被炒得火热，价格也几近疯狂的程度。究竟为什么，无非就是以前儿时的那份情怀，都想再次拥有，以期释放内心久违的快乐。同样自己也没能免俗，入了这款可爱之物，不过十年以前纯属捡漏，着实不及当下玩具炒家的魄力与钱包。不惑后但生疑问，究竟是情怀大于价值，还是价值高于情怀，若把儿时对玩具的纯真，衍变为投机的囤储，那么物欲满足后的空洞，又能如何填补呢？幻想把老玩具当成股票期货，此等黄粱一梦是不是该醒了。

（图中的剖面部分，实属用伪科学的图解来阐释我的热爱。仅此拙作，致敬前辈，娱乐自己，请勿当真。）

就是不倒！

萌萌嗒立体娃娃脸

13cm

20.5cm

脸部材质硬塑料

身体材质塑料

9cm

11.5cm

侧面

背面

可拆装的脸部

45°

正面

不倒翁底部，可打开维修。

发声铁芯

环绕

螺丝钉固定底部和铁托水平牢固。

铁托上共有8根立柱，其中1根悬挂活动铁芯，当不倒翁受到外力晃动时，内部铁芯与立柱撞击，震动后发出悦耳声音。

铸铁材质

叮叮当当

塑料玩具不倒翁大图解

G.Y.D. 9.14.18.

就是不倒！

13cm

20.5cm

萌萌嗒立体娃娃脸

脸部材质硬塑料

不倒翁底部，可打开维修。

发声铁蕊

环绕

螺丝钉固定底部和铁托水平牢固。

铁托上共有8根立柱，其中1根悬挂活动铁蕊，当不倒翁受到外力晃动时内部铁蕊与立柱撞击，震动后发出悦耳声音。

铸铁材质

叮叮哨哟

9cm

11.5cm

侧面

背面

可拆装的脸部

身体材质塑料

正面

45°

塑料玩具不倒翁大图解

G.Y.D.9.14.18.

小学四年级以前，每晚都是爸爸与我对坐检查作业。轮到数学的时候，在一问三不知和所答非所问的状况下，通常会以我的左脸被猛烈拍打后中断，任何的强词夺理都派不上用场，基本没有解释的余地。接着开始加号、等号、公式的轮番轰炸，再次回过神来后，已经都上床了，可能数字对我有很好的助眠作用。由于自小在西城后海奶奶家长大，父母和姐姐在东城国了监，所以上学后父亲每晚都会骑车来检查功课，等我睡下再帮着干点活，回去的时候已经很晚了。后来长大后，我时常骑车夜游后海，月亮映在水面上的那份平静，好像可以看到柳树旁爸爸骑车的倒影。

"伟良，就差这上面没瞅了，你爸放得鞠老高，得亏你进门了。"

"阳阳，别玩了！麻溜的吃饭！上不上学了！"

"嗯……爸，书都看完了，能再给我买套新的吗？"

"哎！妈，您靠点儿边，再碰着您！……桌上的都看完啦？"

"都看了好几遍了，班里同学说《故事大王》又出新的了。"

在奶奶家上学的时候，有天中午回家，进屋后正准备吃饭，却看到平时酒柜上立着的书脊中间，多了抹鲜艳的色彩，跑过去仔细一瞧，这个发现可彻底盖过了我的食欲。兴奋地立刻抽出书，咦？是个纸盒，写着"故事大王画库"。把纸盒摊开后，里面共有5本书，翻开发现还是彩色的！实在太棒了！其实确切地说是彩色的套印，就是一套5本分别用不同的单色印刷，所以阅读整套书，每本书的颜色都不样。而且内容和画风也是一本一个样，这对于看惯了小人书的我来说，简直是如获至宝！哪里还顾得上肚子和下午的考试，等回过味来都快下午2点了，一切为时晚矣。后来奶奶说是爸爸·清早送过来的，让我下学再看，走的那会儿我还没起。

·《故事大王》画库的字体Logo*。

*标志。

故事大王
画库

GUSHI DAWANG HUA KU

·《故事大王》画库外封套（函套）。

环保舒适的设计，收纳与保护并重。

·函套设计。

5本。

每一辑画库收录5本不同风格内容的图书。

出版社名称

《故事大王》画库LOGO*

新蕾出版社

故事大王 画库

2 分册序列号

辑数

分册手绘封面

骑马钉内页可平铺佳

·儿童生活故事·

分册名称

·画库形象"故事大王"。

第一辑要目
① 老一辈无产阶级革命家少年时代的故事
② 儿童生活故事
③ 中国童话
④ 外国童话
⑤ 中国古代笑话

在奶奶家，放学后先要瓣翻一下《故事大王》，第一辑的几本都瓣翻烂成了毛边本。

小粗心！

我才不粗心呢，我已经改了。

聪明的药方

交白卷多难看，画个方块吧！

看不见的朋友

写作业，我俩当然也在一块儿。

"罚他吃肉"

吃
文艺
体育

《故事大王》画库创刊于1982年，由新蕾出版社出版发行。画库包括古今中外各类适合儿童阅读的故事，涵盖革命传统、历史故事、名人故事、民间故事、童话寓言与笑话。

画库一辑5册，每册30页，每辑150页，1058张插图，文字近3万字。当时责任编辑用350天左右，组织当时北京、上海、南京、天津等地的著名漫画家、儿童画家、连环画家及编剧近60人来完成。画库的首版一印100万册（20万套）上市即脱销，而后多次加印，《故事大王》画库共出版20辑100册。

我叫吕小钢，今年十三岁，上五年级。

吕小钢和他的妹妹

妹妹叫吕小朵，上二年级，可淘气啦！

算术98

语文3100

爱面子的书生

相得益彰，百花齐放！

在《故事大王》画库的时代里，还没有七龙珠、机器猫、圣斗士此类日本漫画的出现，图文结合的出版物很少见，所以当画库问世后，如此体量的精美的儿童图文读物受到了空前的欢迎和由衷的喜爱。在绘画风格上，也有着浓厚的时代特征，字体标题与内页设计

故事大王画库
童书大图解

GKO.19.1.14

"成才的阶梯·智慧的摇篮"并不是学校楼道的标语，而是一本儿童杂志的刊头语。杂志的名字没有刊头语那么具有时代特征，反而非常直接：《学与玩》。这本创刊于1984年的杂志，由中国儿童少年活动中心主办，读者面向小学至初中阶段的少年儿童，内容定位科普趣味性期刊，我更喜欢称其为"课外读物"。杂志的办刊精神，如同作家冰心先生当时献给小读者的这句话："学的时候要专心地学，玩的时候要痛快地玩。"

　　如果把书籍和杂志比喻为宝箱，那么封面就是开启宝箱的钥匙，封面的设计和文字处理对于纸质出版物来说，可谓是重中之重。其实《学与玩》杂志给我最大的影响，就是其独具一格的封面设计，不夸张地说，拿到现在依旧非凡出色。三姑每次来奶奶家都会带本《学与玩》，每次我都会目不转睛地盯着封面很久很久，仿佛一下子进入了太空大战的世界：轰隆隆山神、激光宇宙蜂、天蝎大力将军、镇海王、金刚元帅、左天星将军、飞雪大将军、八腿神人、巨人哈利、双头鹰人、未来地球人、彼思女神，这12位正好就是杂志1988年的12幅封面。其美术设计风格前卫，精致手绘融太空、魔幻、神仙于一体，开创了属于中国自己的太空范儿，成为当之无愧的美术经典！

　　塑造和描绘这些经典的就是《学与玩》杂志的创刊元老：美术编辑（总监）王玉群老师和赵大鹏老师。起初创造这些人物的初衷，据王老师说是杂志本身有个"封面故事"的栏目，正好绘画与文字共同创作，从此一篇名为"太空大战"的科幻故事开始连载，同时每期封面也会诞生一位新的主角。每位角色的创作也是王老师构思设计好之后，再与赵老师共同绘制完成。要我说，"太空大战"就是开启脑洞、植入灵感的神奇药水，是70后、80后们的宝贝天书，同时也是中国科幻美术的纪元之作。

　　在此向《学与玩》杂志的王玉群、赵大鹏老师和编辑老师们致以深深的敬意！

作为中国太空朋克范儿十足的封面画作,是由当时杂志的美术编辑王玉群老师先设计好底稿,之后再由她的老师赵大鹏先生用水粉颜料临摹创作完成。

杂志的办刊口号 →成才的阶梯·智慧的摇篮

学与玩

←《学与玩》杂志logo
（1987~1989时期）

太空大战

6A! DADA

救命!!

哈!

山神大人!万岁!!

"这是发生在四亿五千万年以后的故事。"这是1988年杂志栏目"封面上的故事"首篇连载的《太空大战》的开篇语,从而开启了中国太空神话图文结合的首创!轰隆隆山神、飞雪将军、巨人哈利、扑鲁和天蝎将军等等中国原创太空范儿的角色共同完成了那个时代孩子们的科幻启蒙!!

在杂志上连载一年后,反响热烈的《太空大战》于1989年出版了漫画单行本,成为当时现象级的读物!!《学与玩》杂志创刊于1984年,由中国少年儿童活动中心主办。

·轰隆隆山神·

王玉群、赵大鹏画（原作者）
刊登于《学与玩》杂志,1988年1月号,总第49期月（封面）

学与玩杂志 童书大图解

139

东郭先生和狼　猪八戒撒谎

森林大帝　你管不着　熊家婆

小青虾找朋友　送鹅
XIAO QINGXIA ZHAO PENGYOU

架桥

每本书封面上
的字体，充分体现
出内容的独特气
质，每个字体
都不重复雷同，
手写与手绘的魅
力正是如此。

来历不明的"扩人"

在电脑中文字
体诞生以前，每本童书
的封面字体，都是要结
合内容设计字体的，
确定后手工书写或绘制
出来，做到匠心独具。

大林和小林

草原英雄小姐妹　钓鱼

动物　小灵通漫游　未来

运动会

童书大图解　封面字体

GY·D·19·18·1

自从有了电脑，字体的设计就脱离了手绘工具的时代，进入了PS和AI的电子软件时代。不论从选择、设计、修改、效率等多个方面，电脑对于字体设计来说都产生了质的改变。拿书籍封面上的字体设计来说，设计师只要打开PS软件，在封面文件的图层上，敲击键盘植入文字后，再选择字体工具，就可以在庞大的字库中选择你想要的任何字体。如果运气好赶上客户满意，整个工作的流程都会轻松不少。但是这种操作下的封面字体，呈现的效果总会有那么一点重复的单一感，因为通用法则下的任何事物都会如此。

我喜欢翻看旧书的封面，不单是找寻曾经的感动，也是体会和观察当时这本书散发出的整体气质，以及各元素间的相互秩序。这里面的整体就包含了字体与封面图形的统一，优秀的字体，会把整本书的内容特质，完美地体现在封面上。以前这种手绘设计的字体，有个富有时代感的名字：美术字。

美术字在电脑字库诞生以前，对于从事专业设计乃至绘画艺术的群体来说，都是必不可少的一门功课，也可以说是艺术设计与视觉应用的价值体现。小时候看的众多连环画、儿童画刊、少儿读物的封面上，字体可谓是一大看点。有趣好玩的美术字会提升整个封面的吸引力，绝对是内容的加分项。不光在出版物上，影视片头以及海报也是美术字发挥的主要阵地。对于老电影来说，开始片头的字体一出现，往往就能判断出整部的内容气质，这种先入为主的观感，进而能增加观众对剧情的代入感。

这里并不是让设计师都回到尺子、橡皮、三角板的手绘时期，而是通过现在的软件让字体更加独特，更符合每本书的气质，在封面上更好地体现出与内容相衬的互补来。美术字其实应该成为每位设计师、插画师、漫画家必不可少的一种"字体修为"。

果壳箱这个称谓现在的解释，似乎是专门收纳水果皮和果核的回收桶，与遍布大街小巷回收各种生活垃圾的垃圾桶，好像是主次的从属关系。在20世纪80年代的祖国大地，当时社会提倡并开展了一项名为"五讲四美三热爱"的活动。这其中的"五讲"，即讲文明、讲礼貌、讲卫生、讲秩序、讲道德；"四美"，即语言美、心灵美、行为美、环境美。讲卫生和环境美在改革开放初，一切欣欣向荣，大力发展经济的环境下，有着其重要的价值体现。果壳箱在当时全国城市乡镇的大街小巷里，可谓是精神文明建设的重要体现。

垃圾入口→

帅得没办法！一头的大波浪！

琉璃材质的狮子造型的果壳箱,通体色泽绚丽,浑厚质朴,只记得儿时在北京的几个皇家公园见到过,与古建筑顶上的琉璃相得益彰,协调不突兀,真是："小小果皮箱,大大不简单"。

★精细的纹饰浮雕

我恨不下雨！

垃圾分类!! 从我做起,我是环保超人!!

WHAT? 什么？

通体的暗金色,通透！

爱清洁

讲卫生 果壳箱

多边形顶

果皮箱（定语变化）功能相同

华丽的琉璃配色！

圆顶

果皮箱（铸铁材质）

铸铁制的果皮箱,七八十年代普遍出现在各大城市的街头巷尾结实、耐用的环保卫士。

江苏宜兴东风陶瓷厂

人人有责 讲究卫生

产地:(江苏)宜兴

垃圾出口

狮子果壳箱（陶瓷材质）

狮子果壳箱（琉璃材质）（产地不详）

其实,不管是叫果皮箱还是果壳箱,都充分说明在物质不丰富的年代,人们走在街上会产生的垃圾,充其量也就是瓜子皮,香蕉皮等简单的自然垃圾。像饮料瓶、塑料包装等非自然垃圾基本没有,也因此七八十年代的垃圾筒设计,一进一出,没有分类设计。当下在提倡垃圾分类处理,真正做到也很不容易啊！

在物质生活和服务业尚不发达的80年代初，人们平时无论是走在街上还是逛公园，能够产生的随手垃圾，充其量也就是果皮和果核、冰棍包装、瓜子皮等少量的食品类垃圾。纸巾没有罗列其中，是因为原来我们的外出必备品里有个优雅环保的手绢。以前小时候春游，午餐有个义利的果料面包加个鸡蛋，喝口自带行军壶里的白开水，已是很幸福了。要是能有奖励的零花钱，开瓶冰镇北冰洋，就是巨大的满足了。

餐后面包纸、鸡蛋皮、苹果核都被我们塞进了一张张饥饿开口的"大嘴巴"里。它们有的是守门护院的石狮子，有的是呱呱鼓肚的青蛙，甚至国宝熊猫都抱着竹筒向你招手。其实这些都是动物造型的陶瓷果皮箱，产地为江苏宜兴，这种极具中国元素的外观设计以及独有的质地材质，曾经遍布于全国各地。儿时在北海、景山、颐和园等古代园林公园里到处都是它们憨态可掬的身影，尽管胖萌可爱，但在古典园林里却不突兀，而是融合得恰好到位。此种风貌的国风，让果皮箱也成了当时看不懂中文的外国友人争相合影的"假古董"，即使是中国小朋友们，也爱跟这些爱清洁、讲卫生的小能手合影留念，不信翻翻儿时的相册，是否也会会心一笑呢？

果皮箱本身的容积，以及狭小的出口设计，与后来人们生活水平的日益提高产生了巨大的不适应性。人们出行所带的物品越来越多，街上的商品也早不止汽水冰棍，零食和包装饮料的大范围出现，易拉罐可乐、啤酒的诞生，都使街头上的各种垃圾量骤增，所有这些注定是一张大嘴巴小个头的果皮箱所无法承担的，最终导致其退出了历史舞台。

但是在当下垃圾分类的大环境下，我们的出行乃至生活，真的需要产生那么多体量的垃圾吗？像从前每天都洗手绢一样，我们是否可以活得简单点儿呢？

后海南沿儿18号（后记）

老葛 / 文

每隔一段时间，我就不差嘛的想起小时候的奶奶家，那里有很多神奇美妙的事情一直鲜活地占据在我脑叶的某个沟回里，灿烂而持久。

三十多年前由鼓楼西穿过一条曾经卖烟袋的斜街，就能看到过去的燕京八景之一"银锭桥观山"，后面有人又加了句"烤肉季吃肉"，连起来想想还挺美好的。站在白色的石桥上向西看，夏天天好的时候还能看到西山，桥的左边是南沿，右边是北沿，奶奶家就在南沿儿这条河边的中间。

后海现在河边的柳树是90年代新种的，以前的老树才堪称垂杨柳，柳枝直接耷拉在河边上，小不点的孩子得三四个才能围住一棵树，胆儿大的直接上树捏"季鸟"，就是大个的黑蝉。树下的河边，拿起自制的抄子，伺机等在岸边，随时伏击溜边飞的蜻蜓，喂蚊子的同时还拯救了它的家族。

河边过了马路就是家门口，也就一分钟就窜回去了。奶奶家是个中等横向的院子，左边的院落是奶奶家，右边是奶奶的妹妹我三姨奶奶家。左边由于对着门，所以修了一个石砖台，后来想可能有

风水上的考量吧。奶奶家的小院里种了爷爷的不少花花草草，印象最深的是刺梅，掰断枝干上的尖刺，流出乳白色的液体，伴着刺鼻的味道，让人感到莫名地开心。

院里有三间屋子，其中两间是连着的，另一间是小厨房。过去爷爷中午下班回家吃饭，进门前一定得拿挂在厨房的布掸子掸土，主要是裤腿，总得啪啪地使劲抽出不少土和灰的分子来，现在这个长得像戏里拂尘的物件已是遍寻不着了。我小时候的厨房已经用上了煤气罐，但依旧改变不了它黑黑油油的神秘原始气质，褐色的砂锅和破了边的大白碗，各种透过油污却依旧亮闪闪的调味瓶，推挤在黑布和硬纸壳下的各种器皿，好像压根儿就没用过。由于没有下水道，自来水龙头下就躺着一口大铁桶，每当快满的时候我总是逞能，一步三晃地提溜到院外的街边，毫不吝惜地喂给了门前的老槐——可惜它后来也难逃被砍的厄运，老槐树真是对不住哇。

厨房对面的屋子也是我上学前和爷爷奶奶happy[*]的主要地方，小时候一直还是木头提花的窗户，外房檐下也有一些磨损的木雕花，算不上精致但依旧舒服。一进门就是炉子，平时烧水中午熥饭什么的，

---

[*] 快活。

所以夏天也笼火。中午下学吃上一块烤得焦脆的馒头片（更妙的是烤白薯），什么数学课上的沮丧全部一扫而光。屋里的八仙桌上方是那个年代标准的照片墙，不少民国时爷爷奶奶的旧影，散发着红褐色斑驳的记忆。写字台上有德国老座钟,特别喜欢奶奶给它上弦的声音,清脆但充满韧劲。窗根下老有奇怪的昆虫尸体:想想自己造的孽太深,活该现在这副德性。

最惬意的下午就是趴在三人款的大木头床上倚着被活垛*反复品读一套编剧奇妙、画工前卫的准儿童图画读物《故事大王》,因为只给买了一期。

---

* 北方方言，指被子枕头等叠成的堆。

154

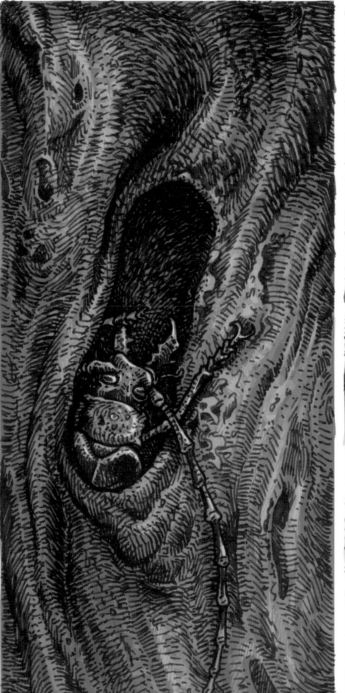